IBC対訳ライブラリー

英語で読む
ピーター・パン
Peter Pan
by J. M. Barrie

出水田隆文　英語解説
今西　理恵　翻訳

カバーイラスト ＝ ©Bridgeman Images/amanaimages
イ ラ ス ト ＝ ©Blue Lantern Studio/CORBIS/amanaimages
英文リライト ＝ Nina Wegner
ナレーション ＝ John Marshall Media, Educational（ピーター・パンとウェンディ）
　　　　　　　Howard Colefield（ケンジントン公園のピーター・パン）

本書の前半の英語テキスト（ピーター・パンとウェンディ）は、弊社から刊行されたラダーシリーズ「Peter Pan ピーター・パン」
から転載しています。後半の英語テキスト（ケンジントン公園のピーター・パン）は、新たにリライトしました。

Welcome to Neverland!

きっと誰もが幼い頃読んだことがあるでしょう。「ピーター・パン」は100年以上も世界中で愛され続けている作品です。

ピーター・パンシリーズ

私たちがよく知っている「ピーター・パン」は、1911年にJ・M・バリー（以下バリー）によって発表された小説版 *Peter and Wendy* がその元となっているストーリーです。現在でも世界のあちこちで劇が上演され、アニメはもちろん絵本や児童小説などさまざまなメディアを通じて楽しまれています。

それが故に、細かいアレンジの違いなどがあるのもピーター・パンの特徴です。バリー自身も上演を重ねるたびにマイナーチェンジを加えていました。

バリーは1860年にスコットランドに生まれました。作家・劇作家として活動するなかで、1902年にピーター・パンの原形ともいえるエピソードが含まれた *The little White Bird* を発表します。この作品からピーター・パンに関する部分を抜き出して、劇として1904年12月に初上演されたのが *Peter Pan, or The Boy Who Wouldn't Grow Up* です。

その2年後の1906年に、この本の後半部に収録されている *Peter Pan in Kensington Garden* を発表しました。5年後に発表される *Peter and Wendy* の元になったとも考えられる物語ですが、私たちがよく知っている *Peter and Wendy* とはかなり印象の違う作品です。ぜひパート1～3の *Peter and Wendy* との類似性と違いを楽しみながら読んでください。

J・M・バリーの少年時代

バリーの人生について知っておくとピーター・パンシリーズを深く楽しむことができます。バリーは10人兄弟の9番目の子として生まれました。そして、小さい頃からお話を作るのが好きだったようです。

バリーが6歳の時、14歳の兄デイビッドがスケート中の事故で早逝してしまいます。デイビッドはとくに母親のお気に入りだったようで、母親のひどい落胆ぶ

りを見たバリーは母の心の穴を埋めようと、デイビッドの服を着てデイビッドがよくやっていたやり方で口笛を吹くなどして母を慰めようとしたと言われています。

1896年に発表した母にまつわる伝記の中で、「ある夜私が母の部屋に入ると、母が『あなたなの?』と聞いてきた。亡くなった息子に話しかけているように感じて、小さく寂しげな声で『いや彼じゃないよ。僕だよ』と言ったんだ」というエピソードを紹介しています。バリーの母は、死んだ息子は成長することをやめ永遠に少年のままで自分の元を離れたのだ、と思うことにして悲しみを癒そうとしたそうです。

デービス一家との出会い

大人になっても小柄だったこともあり、バリーはとても内向的な性格のままエディンバラ大学大学院を卒業します。作家・劇作家として活動しはじめてしばらく後、女優のメアリー・アンセルと知り合い1894年に結婚しましたが、メアリーの不倫をきっかけに1909年に離婚します。後述のようにバリーはとても子ども好きでしたが、二人の間に子どもはいませんでした。

結婚生活の間の1897年に、バリーは人生を変えるような出会いをしました。デービス一家との出会いです。デービス一家には5人の男の子がいました。ケンジントン公園で愛犬を散歩させていた時に、乳母に連れられて遊んでいたジョージ、ジョンと当時まだ赤ん坊だったピーターと知り合ったのがきっかけで家族ぐるみのつきあいをするようになりました。バリーはひょうきんな仕草や得意のお話で子どもたちを楽しませていました。

ピーター・パンというキャラクターは、ジョージとジョンを楽しませるために作り出されました。彼らの幼い弟ピーターが空を飛べるということ、赤ん坊たちは生まれる前は小さな鳥であること、両親は赤ん坊が飛び出して行ってしまわないように窓に格子をつけるなどの創作がその後、母親のもとから飛んで逃げ出してケンジントン公園で妖精たちと暮らすようになる赤ん坊の話へと発展していきます。

1907年にデービス家の父アーサーが他界するとバリーは一家の面倒を見はじめます。ピーター・パンや他の作品からの収入で一家の生活費や教育費をまかなったのです。1910年に母シルヴィアが亡くなると、バリーは実質的な保護者

として子どもたちを支えたのです。

晩年

　子どもたちの健やかな成長を見守り続けたバリーを悲劇が襲います。1915年に第一世界大戦に従軍していたジョージが戦死、1921年には21歳の誕生日を目前に控えていたマイケルが溺死してしまいます。自殺だったとの疑いもあります。作家志望だったマイケルを、オックスフォード大学へ進学させていたバリーはひどく悲しみました。ちなみにマイケルはケンジントン公園にあるピーター・パン像のモデルになる"はず"だった人物です。実際は、彫刻家が別の少年をモデルにしたと言われています。そのせいかバリーは完成したピーター・パン像に不満だったようです。

　その後バリーは1937年6月19日に肺炎で亡くなりました。77歳でした。最悪の悲劇を見ずに済んだのは、もしかしたら彼にとって幸いだったのかもしれません。それは奇しくも彼の生誕からちょうど100年の、1960年に起きました。ピーターが列車へ飛び込み、自殺を図ったのです。63歳でした。

　デービス家の子どもたちとピーター・パンごっこをする際は、バリーがいつもフック船長役でした。パート3でフック船長が子どもたちをとらえて殺そうとする際に、「自分を愛してくれる子どもがいない」と悲しむ姿はどこかしらバリーの寂しさを表しているかのようです。

文学作品としてのピーター・パンとバリー

　大人になることを拒否し、空を飛び妖精たちと仲良しで、不思議な国ネバーランドで冒険を繰り広げる永遠の少年ピーター・パン。愛と冒険とファンタジーといったイメージが強いピーター・パンですが、改めて読んでみるとどこかセンチメンタルで、切なさを感じさせるところも多いことに気づくはずです。劇作家としてはピーター・パンで大きな成功を収めたバリーでしたが、私生活では多くの苦難に悩み苦しみました。フック船長だけでなく、ピーター・パン自身にもどこか孤独で寂しげなところが漂う点もバリーの人生そのものを表しているかのようです。

　ぜひ本書で英語力を高めつつ、文学作品としてのピーター・パンの魅力も発見してください。

本書の構成

本書は、

　　□ 英日対訳による本文
　　□ 欄外の語注
　　□ 覚えておきたい英語表現
　　□ MP3形式の英文音声

で構成されています。本書は、スコットランドの作家ジェームス・マシュー・バリーの小説『ピーター・パンとウェンディ』（1911年）と『ケンジントン公園のピーター・パン』（1908年）をやさしい英語で書きあらためた本文に、日本語訳をつけました。

　各ページの下部には、英語を読み進める上で助けとなるよう単語・熟語の意味が掲載されています。また左右ページは、段落のはじまりが対応していますので、日本語を読んで英語を確認するという読み方もスムーズにできるようになっています。またパートごとに英語解説がありますので、本文を楽しんだ後に、英語の使い方などをチェックしていただくのに最適です。

　添付のCD-ROMには、MP3形式の音声が収録されています。PCやお好きな携帯プレーヤーに、お好きな箇所をダウンロードして繰り返し聞いていただくことで、発音のチェックだけでなく、英語で物語を理解する力が自然に身に付きます。

※このディスクはCDプレーヤーでは再生できません。

もくじ

Welcome to Neverland! 3
本書の構成 6

Peter and Wendy

Part 1 9
覚えておきたい英語表現 42

Part 2 45
覚えておきたい英語表現 76

Part 3 79
覚えておきたい英語表現 118

Peter Pan in Kensington Gardens 121
覚えておきたい英語表現 180

付属のCD-ROMについて

本書に付属のCD-ROMに収録されている音声は、パソコンや携帯音楽プレーヤーなどで再生することができるMP3ファイル形式です。一般的な音楽CDプレーヤーでは再生できませんので、ご注意ください。

■音声ファイルについて

　付属のCD-ROMには、本書の英語パートの朗読音声が収録されています。本文左ページに出てくるヘッドホンマーク内の数字（01〜18）とファイル名の番号がそれぞれ対応しています。

　パソコンや携帯プレーヤーで、お好きな箇所を繰り返し聴いていただくことで、発音のチェックだけでなく、英語で物語を理解する力が自然に身に付きます。

■音声ファイルの利用方法について

　CD-ROMをパソコンのCD/DVDドライブに入れて、iTunesやx-アプリなどの音楽再生（管理）ソフトにCD-ROM上の音声ファイルを取り込んでご利用ください。

■パソコンの音楽再生ソフトへの取り込みについて

　パソコンにMP3形式の音声ファイルを再生できるアプリケーションがインストールされていることをご確認ください。

　CD-ROMをパソコンのCD/DVDドライブに入れても、多くの場合音楽再生ソフトは自動的に起動しません。ご自分でアプリケーションを直接起動して、「ファイル」メニューから「ライブラリに追加」したり、再生ソフトのウインドウ上にファイルをマウスでドラッグ＆ドロップするなどして取り込んでください。

　音楽再生ソフトの詳しい操作方法や、携帯音楽プレーヤーへのファイルの転送方法については、ソフトやプレーヤーに付属のマニュアルで確認するか、アプリケーションの開発元にお問い合わせください。

Peter and Wendy

Part 1

1.
Peter Comes

All children, except one, grow up. Wendy was two years old when she found out she must grow up. When she was playing in a garden one day, she picked a flower and ran with it to her mother. Mrs. Darling said, "Oh, why can't you stay like this forever!" Since then, Wendy knew that she must grow up.

Wendy had a mother, father, and two younger brothers. Her brothers' names were John and Michael. The family also had a big brown dog, named Nana. Nana took very good care of the children. She gave them their baths. She walked them to school. She never forgot John's uniform on the days he played football. She carried an umbrella in her mouth when it looked like rain.

■grow up 成長する　■find out 気がつく　■take good care of 〜の世話をきちんとする　■give 〜 a bath 〜を風呂に入れる　■never 副決して〜ない　■look like 〜のように見える

1.
ピーターがやってきた

　子どもたちはだれでも、ひとりだけ違う子がいますが、みんな大きくなります。ウェンディはふたつのとき、自分も大きくなるんだと気がつきました。ある日、彼女が庭で遊んでいるとき、花をつむとそれをもってお母さんのところへ走っていきました。お母さんのダーリング夫人がいいました。「ほんとにあなたも、いつまでもこの花のようだといいのに！」このことがあってから、ウェンディは自分も大きくならなければいけないんだ、とわかったのです。

　ウェンディにはお父さんとお母さん、それにふたりの弟たちがいました。弟たちの名前はジョンとマイケルです。家にはナナという名前の大きな茶色の犬もいました。ナナはとても上手に子どもたちの世話をしました。子どもたちをお風呂に入れました。いっしょに学校にいきました。ジョンがサッカーをやる日には、ユニフォームをわすれずにもたせました。雨が降りそうだと、傘を口にくわえていきました。

The Darling family did not have much money, but they were happy. They would have wild dances together. They were such fun times! Mrs. Darling was the best dancer. She would spin so fast that all you could see was her smile. There never was a happier family until Peter Pan came.

 One morning, Mrs. Darling found leaves in the children's room that were not there before.

 "Peter left those here!" Wendy said.

 "What do you mean, Wendy?" Mrs. Darling asked.

 "Peter doesn't clean his feet," Wendy said. "I think he comes in by the window."

 Mrs. Darling just thought Wendy was talking about a dream. But it wasn't a dream. And soon, everything changed forever.

 The next night, the children were all in bed. Mrs. Darling sang to them until they all fell asleep. The room was so quiet and the fire was so warm that soon Mrs. Darling also fell asleep.

 Suddenly, a window in the room opened. A boy entered. A strange light, as big as your hand, followed him.

■so ~ that あまりにも～なので　■fire 名 (暖炉の) 火　■fall asleep 眠りに落ちる
■as ~ as …と同じくらい～

ダーリングさんの家にはお金はたくさんなかったのですが、とても幸せでした。いつでも家族がいっしょになって、夢中になってダンスを楽しんでいました。とてもとても楽しい毎日でした！　お母さんのダーリング夫人がいちばん上手に踊りました。あまりにも早く回転するので、見えるのはお母さんのほほえみだけでした。ピーター・パンが現れるまでは、この家族よりも幸せな人たちなど、どこにもいなかったのです。

　ある朝のこと、お母さんのダーリング夫人は、子ども部屋にこれまでなかった木の葉があるのに気づきました。

　「ピーターがここにおいていったんだわ！」と、ウェンディがいいました。

　「どういうことなの、ウェンディ？」ダーリング夫人がききました。

　「ピーターは足をきれいにしないの」ウェンディがいいました。「あの子、窓から入ってくるのよ」

　ダーリング夫人は、ウェンディが夢の話をしているのだと思いました。でも、夢ではなかったのです。やがて、何もかもが永久に変わってしまったのです。

　次の日の夜、子どもたちは三人ともベッドに入っていました。ダーリング夫人は三人が寝入るまで歌をうたっていました。子ども部屋はとてもしずかで火はあたたかく、ダーリング夫人も眠りに落ちてしまいました。

　とそのとき、さっと窓があきました。男の子が入ってきました。そしてその後から、みなさんの手のひらほどの大きさの、ふしぎな光が入ってきたのです。

Mrs. Darling woke up with a cry and saw the boy. Somehow she knew that he was Peter Pan. He was a beautiful boy. He still had all his first teeth. He wore clothes made of leaves. When he saw that Mrs. Darling was a grown-up, he made a mean face at her.

"Oh!" Mrs. Darling cried. Nana ran into the room and jumped at the boy. But the boy jumped out the window. Mrs. Darling cried out again, because she thought he was killed. She ran outside to look for his body, but it was not there.

When she returned to the room, she found Nana with something in her mouth. It was the boy's shadow! As the boy jumped out, Nana closed the window quickly and caught his shadow.

Mrs. Darling put the shadow away in a box and waited for the right time to tell her husband about it.

The next Friday, Mr. and Mrs. Darling got ready to go to a party. Mrs. Darling wore her white dress. Mr. Darling put on his tie. But Mrs. Darling had a bad feeling that night.

"Oh, I wish I did not have to go to a party tonight!" she said. But they both had to go. So they put the children to bed and said good night. Mr. Darling put Nana outside in the yard for the night. Then they quietly left the house.

■somehow 副どういうわけか ■first tooth 乳歯 ■grown-up 名大人 ■mean 形いじわるな、いやな ■look for 〜を探す ■put 〜 away しまい込む ■get ready to 〜する準備をする ■put on 身につける

ダーリング夫人はあっと叫んで目を覚まし、男の子を見ました。おかしいですね、お母さんには、この子がピーター・パンだとわかっていました。とても美しい男の子です。乳歯がまだ生えかわっていません。葉っぱでできた服を身につけています。ピーター・パンはダーリング夫人が大人だとわかると、顔をしかめてみせました。
　「まあ！」ダーリング夫人が大声で叫び、ナナが部屋に入ってきて男の子に跳びかかりました。でも男の子は窓の外へ跳んでいきました。ダーリング夫人はまた大声で叫びました。男の子が死んでしまったと思ったのです。夫人は少年の死体を見に表に飛び出しましたが死体なんかどこにもありません。
　夫人が部屋にもどると、ナナが何か口にくわえていました。ピーター・パンの影です！　ピーター・パンが外へ跳びだしたとき、ナナがすばやく窓をしめ、男の子の影をつかまえたのでした。

　ダーリング夫人は、箱の中に影をしまって、ダーリング氏の機嫌のいいときにこのことを話すことにしました。
　金曜日になり、ダーリング夫妻はパーティへ出かけることになりました。ダーリング夫人は白いドレスを着ました。ダーリング氏はネクタイをしめました。でもダーリング夫人はその夜、いやな予感がしていました。
　「なんだか、今夜はパーティになんかいきたくないわ！」ダーリング夫人はいいました。それでもふたりは出かけなくてはいけません。そこで子どもたちを寝かして、おやすみをいいました。ダーリング氏はその夜、ナナを庭に出しました。そしてふたりはしずかに家をあとにしました。

2.
Fly Away

While the children were sleeping, the window opened. A boy entered the room. A bright light followed him in. The boy and the light looked at all the children's toys and clothes. They were looking for Peter's shadow.

The bright light was really a fairy, no bigger than your hand. It was a girl fairy called Tinker Bell. She was dressed in a leaf. When she talked, it sounded like golden bells. That was the fairy language.

Peter and Tinker Bell found his shadow in a big box. Peter tried to put his shadow back on, but it wouldn't stick to him. Peter tried to make his shadow stick to him with some soap from the bathroom. But that didn't work either. So Peter sat on the floor and cried.

■put ~ back on ～を…に戻す　■make ~ do ～に…させる　■stick to ～にくっつく

2.
旅立ち

　子どもたちが眠っているあいだ、子ども部屋の窓はあいていました。男の子が入ってきました。明るい小さな光がついてきました。少年とふしぎな光は、子どもたちのおもちゃや服などを全部、すっかりしらべました。ピーター・パンの影をさがしていたのです。

　明るい光はほんとうの妖精で、みなさんの手のひらにのるほどの大きさです。ティンカー・ベルという女の子の妖精でした。葉っぱの服を着ています。話をするときは、まるで金のすずがなっているようにきこえます。それが妖精の言葉なのでした。

　ピーターとティンカー・ベルは、大きな箱の中にピーターの影があるのをみつけました。ピーターは影を元どおりにしようとしましたが、なかなかどうしてくっつきません。浴室から石けんをもってきて、くっつけようとしてみました。どれもこれもうまくいきません。ピーターは床にすわりこんで泣きだしました。

The sound of Peter crying woke Wendy, and she sat up in bed. She was not surprised to see a strange boy crying on the floor.

"Boy," she said, "why are you crying?"

Peter looked up. He remembered his manners, so he bowed to her. Wendy bowed back.

"What's your name?" Peter asked.

"Wendy Moira Angela Darling," she said. "What is your name?"

"Peter Pan."

Wendy asked where Peter lived and where his mother was.

"I don't have a mother," he said.

"That's why you were crying!" Wendy said. She got out of bed and ran to him.

"I wasn't crying about mothers," he said. "I was crying because I can't get my shadow back on."

Wendy saw the shadow on the floor. "How terrible!" she said.

Wendy knew what to do. "I'll sew it on for you," she said, and she sewed the shadow on to Peter's foot.

■sit up 起き上がる　■look up 顔をあげる　■remember one's manner 礼儀作法に思い当たる　■get ~ back on ～を元に戻す　■sew 動 縫う

ピーターの泣き声でウェンディは目を覚まし、ベッドに起き上がりました。ウェンディは床で泣きじゃくっているふしぎな少年を見てもおどろきませんでした。
「ねえ、どうして泣いてるの？」
　ピーターは顔をあげました。ここはお行儀よくしなければ、と思って、ウェンディにおじぎをしました。ウェンディもお返しのおじぎをしました。
「きみの名前は？」と、ピーターがききました。
「ウェンディ・モイラ・アンジェラ・ダーリング」と、ウェンディがいいました。「あなたの名前は？」
「ピーター・パン」
　ウェンディはピーターがどこに住んでいるのか、ピーターのお母さんはどこなのかをききました。
「お母さんはいないんだ」ピーターはいいました。
「だから泣いてたのね！」ウェンディはいいました。そしてベッドから出てピーターにかけよりました。
「お母さんのことで泣いていたんじゃないんだ」ピーターはいいました。「影が元どおりにくっつかなくて泣いてたんだ」
　ウェンディは床におかれた影を見ました。「まあ大変！」ウェンディはいいました。
　ウェンディにはどうすればいいかわかっていました。「縫ってあげるわ」ウェンディはそういって、ピーターの足に影を縫いつけました。

Peter was very happy about getting his shadow back. He danced around the room. Then he gave Wendy a gift. It was a small button.

"Thank you," Wendy said. She put the button on a chain around her neck. It was lucky that she did. The button would later save her life.

Peter told Wendy a little about himself.

"I ran away the day I was born," he said. "I ran away because I heard my mother and father talking about what I would be when I became a man. But I don't want to be a man! I want to be a little boy forever and have fun. So I ran away and lived with the fairies."

Wendy thought it was wonderful that Peter knew fairies. She asked him many questions about them. Peter told her about the beginning of fairies.

"When the first baby laughed for the first time, its laugh broke into a thousand pieces. The pieces flew all over the world. That was the beginning of fairies," Peter said.

Wendy liked this story. But there was a sad part to it.

"Children don't believe in fairies any more," Peter said. "And every time a child says, 'I don't believe in fairies,' a fairy dies."

■run away 逃げ出す　■first baby 最初の赤ん坊、第一子　■laugh 動笑う　名笑い（声）　■break into 割れて〜になる

ピーターは影を縫いつけてもらってとてもよろこびました。部屋中を踊りまわりました。そしてウェンディにおくりものをあげたのです。それは小さな押しボタンでした。
　「ありがとう」ウェンディはこういうと、首につけていたネックレスにボタンをとりつけました。ウェンディがこうやったのは、とてもラッキーなことでした。あとになって、このボタンがウェンディの命をすくうことになるからです。
　ピーターはウェンディに自分のことを少し話しました。
　「ぼくは生まれたその日に逃げ出したんだ」ピーターはいいました。「お母さんとお父さんが、ぼくが大人になったら何になるか、話していたのをきいちゃったから。でも、大人の男になんかなりたくない！　永遠に子どものままでいて、楽しんでいたいんだ。だから逃げ出して、妖精たちといっしょに暮らしてるんだ」
　ウェンディは、ピーターが妖精のことを知っているのがすばらしく思えました。そこで妖精についてたくさん質問をしました。ピーターは妖精のはじまりについて話しました。
　「最初に生まれた赤ん坊がはじめて笑うと、その笑い声が何千にもくだけるんだ。そのかけらが世界中にふりまかれる。それが妖精になるんだよ」と、ピーターがいいました。
　ウェンディはこのお話が好きになりました。でもこのお話には悲しいところがあったのです。
　「子どもたちが妖精たちのことをまるで信じなくなると」と、ピーターがいいました。「そして『妖精なんて信じてないよ』といわれると、そのたんびに妖精は死んでしまうんだよ」

Then Peter remembered Tinker Bell and called out, "Tinker Bell! Where did you go?"

The sound of golden bells came from the big box. Peter laughed. He forgot he closed Tinker Bell in there. He let her out and she flew around the room, angry.

It was the first time Wendy had seen a fairy. She thought Tinker Bell was beautiful. But Tinker Bell said she thought Wendy was a big, ugly girl. She did not like Peter having other friends who were girls.

Peter told Wendy more about himself. He said he lived with a group of boys called the lost boys. He was their leader. They all lived far away on an island called Neverland.

Peter said he came to Wendy's window at night to listen to stories.

"I don't know any stories. None of the lost boys knows any stories," Peter said.

"How terrible," Wendy said. "I know lots of stories. I could tell stories to the lost boys!"

"Wendy, come with me!" Peter said. Wendy wanted to go to Neverland, but she was worried about leaving her mother and father. And she didn't know how to fly.

■call out 声をかける ■let ~ out ～を外に出す ■ugly 形 みにくい、不細工な ■far away 遠くはなれた ■none 代 誰も～ない

こういってから、ピーターはふとティンカー・ベルのことを思いだして、声をかけました。「ティンカー・ベル！　どこにいったんだい？」

　大きな箱の中から金のすずの音がきこえてきました。ピーターは笑いました。ティンカー・ベルを箱の中にしまっていたことをわすれていたのです。彼女を外へ出すとティンカー・ベルは部屋の中を飛びまわりましたが、怒っていました。

　ウェンディが妖精を見たのはこれがはじめてです。ティンカー・ベルはきれいでした。でもティンカー・ベルはウェンディが大きくて、みにくい女の子だといいました。ピーターが自分以外の女の友だちをもつことが気にくわないのです。

　ピーターはウェンディに自分のことをいろいろと話しました。ピーターはロスト・ボーイ（迷子）とよばれる男の子たちと暮らしていました。ピーターはこの子たちのリーダーなのです。幻の国ネバーランドという名前の遠くはなれた島にみんなで住んでいるのでした。

　ピーターはお話をきくために、夜にウェンディの窓へやってきたといいました。

　「ぼくはお話をそんなに知らないんだ。ロスト・ボーイたちもだれ一人としてお話なんて知らないんだ」と、ピーターはいいました。

　「困ったわね」ウェンディはいいました。「わたしはたくさんお話を知ってるわ。ロスト・ボーイたちにきかせてあげられるわよ！」

　「ウェンディ、いっしょにきてよ！」ピーターはいいました。ウェンディはネバーランドへいきたかったのですが、お父さんとお母さんをおいていくのが心配でした。それに飛びかたもわからないのです。

"I can teach you how to fly!" Peter said. Wendy was excited. She woke up her little brothers, John and Michael.

"Wake up! Peter Pan will to teach us to fly," she told them.

Peter flew around the room to show them.

"Wonderful!" said John and Michael.

"You just think happy thoughts," Peter explained. "They pull you up in the air."

It looked very easy. They tried from the floor. They tried from their beds. But every time they tried, they went down instead of up.

But Peter knew no one can fly unless they have fairy dust on him. Peter took some dust from Tinker Bell. Then he put a little on each of them.

The next time the children tried, they flew! They were not as good as Peter. But they went up, down, around and around.

"Let's all go out!" cried John.

"Come!" Peter cried. He flew out the window into the night. Wendy, John, and Michael followed.

■will to ～することに同意する　■thought 名 考え、思考　■pull ~ up ～を引っぱり上げる　■unless 接 ～でない限り　■dust 名 塵　■around and around ぐるぐると

「飛びかたなら教えてあげるよ！」ピーターはいいました。ウェンディはワクワクしました。小さなふたりの弟、ジョンとマイケルをおこしました。
　「おきて！　ピーター・パンが飛びかたを教えてくれるのよ」ウェンディはいいました。
　ピーターは手本をしめすために部屋の中を飛んでみせました。
　「すごいな！」と、ジョンとマイケルがいいました。
　「楽しいことを考えるんだよ」ピーターは説明しました。「楽しいことを考えると、きみたちは空中に浮くんだよ」
　とてもかんたんなようです。三人は床から飛び上ろうとしました。ベッドから飛び上ろうとしました。でも飛ぼうとするたびに上にいかず、下へ落ちてしまいます。
　でもピーターは妖精がまき散らす塵の金粉が身体についてなければ、だれだって飛べないのを知っていました。ピーターはティンカー・ベルから金粉をいくらかもらいました。そして三人にほんの少しずつふりかけました。
　次に飛ぼうとしたとき、三人とも飛びました！　ピーターほど上手ではありません。けれども上に浮いたり下がったりして、ぐるぐるまわりました。
　「みんな、外へいこう！」ジョンが大きな声でいいました。
　「いこう！」ピーターも大きな声でいいました。窓から夜のやみへと飛びたちました。ウェンディ、ジョン、そしてマイケルがつづきました。

Earlier that night when Peter came in through the window, Nana felt there was danger in the children's room. She was a dog and she knew these things. She had to let Mr. and Mrs. Darling know, but she was tied up in the yard. She pulled and pulled at the rope that tied her. Finally, she broke the rope and ran from the yard. She ran down the street to the house where Mr. and Mrs. Darling were at the party.

Nana ran into the house and jumped at Mr. and Mrs. Darling. They suddenly knew something terrible was happening in the children's room. They left the party and ran back to their house. But by that time, it was too late. The children's room was empty.

■let ~ do 〜に…させる　■tie up つなぐ

その夜のはじめ、ピーターが窓から入ってきたとき、ナナは子ども部屋が危ないと感じていました。ナナは犬だったので、こういうことがわかっていたのです。ダーリング夫妻に知らせなくてはならないのに、ナナは庭でつながれていました。ナナは自分をつないでいるロープをぐいぐいと引っぱりました。とうとうロープをひきちぎって庭から走り出ました。ダーリング夫妻がパーティに出たお屋敷へと通りをかけていきました。

　ナナはお屋敷の中へ走っていくと、ダーリング夫妻に跳びつきました。夫妻はすぐに子ども部屋で何か恐ろしいことがおこっているとわかりました。そしてパーティをあとにして家に走ってもどりました。でも、そのころにはもうおそかったのです。子ども部屋はからっぽでした。

3.
To Neverland

The children flew for a long, long time. But they could not sleep or they would start to fall down. It was very dangerous, so they had to stay awake. Only Peter knew how to sleep and fly at the same time. He was also much faster at flying than the children. Sometimes he flew far, far ahead of them. When he came back, he didn't always remember them. Once, Wendy had to tell him her name.

"I'm Wendy, don't you remember?" she said. Peter was very sorry.

"Wendy," he said, "If you ever see me forgetting you, just keep saying 'I'm Wendy,' and then I'll remember."

■fall down 落ちる　■stay awake 目を覚ましている　■at the same time 同時に
■if someone ever もし~なら　■keep doing ~し続ける

3.
ネバーランドへ

　子どもたちはとてもとても長い時間、飛びました。でも、眠れませんでした、眠ると落ちてしまうのです。とっても危険なので、目を覚ませていなければなりません。ピーターだけがどうやって眠るのと飛ぶのをいっしょにできるのか知っていました。それに子どもたちよりもずっと早く飛ぶのです。ときどき三人よりずっとずっとさきに飛んでいってしまうこともありました。もどってきたとき、ピーターはいつも三人のことをおぼえていませんでした。あるとき、ウェンディは自分の名前をピーターに教えなくてはなりませんでした。
　「わたしはウェンディよ。おぼえてないの？」と、ウェンディはいいました。ピーターはすまないな、と思いました。
　「ウェンディ」と、ピーターはいいました。「もしきみをわすれているようだったら『わたしはウェンディ』とだけいってくれない？　そうすれば思いだすから」

The children ate by taking food from the mouths of birds that flew past them. It was not very much food. They were tired and hungry, but they could not go back. Only Peter knew the way back to their house in England. After spending many hours like this, the four children finally came to Neverland.

"There it is," said Peter.

"Where, where?"

Wendy, John, and Michael saw the island for the first time. It was beautiful. There was a forest, a bay, and animals. There was also an Indian village. But the sun went down and the island got dark. The children felt afraid, and Nana was not there to protect them.

The children stayed close to Peter now. They flew low over the island. Sometimes their feet touched the tops of trees. Peter listened very carefully, with his hand to his ear. He said he was listening for pirates. There were many pirates on the island, Peter explained. Their leader was Captain Hook. Peter said he cut off the captain's right hand in a fight.

■fly past かすめて飛ぶ ■stay close to ～にぴったりくっついている ■top 图てっぺん ■pirate 图海賊

子どもたちはすれ違って飛んでいく鳥たちの口から食べものをとって食べました。食べものはたくさんありませんでした。へとへとになって、おなかもすいていましたが、もどることはできないのです。ピーターだけがイングランドの家へ帰る道を知っていました。こうして何時間もたってから、四人の子どもたちはついにネバーランドへやってきました。

　「ここだぞ」と、ピーターがいいました。
　「どこ？　どこなの？」
　ウェンディとジョンとマイケルの三人ははじめてその島を見ました。美しい島でした。森があって入り江があって、そして動物たちがいました。先住民の村もありました。でも太陽はしずみ、島はやみにつつまれています。子どもたちはびくびくしていますが、子どもたちを守るナナはいません。

　子どもたちは、いまではピーターのそばにぴったりよりそっています。みんなで島のすぐ上をひくく飛びました。ときどき足に木のてっぺんがあたりました。ピーターは手を耳にやってとても注意ぶかく耳をすませました。ピーターは、海賊たちの動きに注意したのだ、島にはたくさんの海賊たちがいる、海賊たちのリーダーはフック船長だといいました。ピーターはフック船長と戦って右腕を切りおとしたともいいました。

"Now he has a hook for his right hand, and he fights with it," Peter said.

All of a sudden, there was a great BOOM! The pirates, who saw Peter and the children flying over the island, fired their long gun at them. The shot sent the children flying in different ways through the air. John and Michael went one way. Peter went another way. Wendy and Tinker Bell went another. No one was hurt, but they were far away from each other.

■all of a sudden 突然、いきなり ■BOOM 名ブーン（ドカーン）となる音 ■fire 動
（鉄砲などを）うつ

「いまでは右腕にフックをつけて、それで戦ってるんだ」ピーターはいいました。
　いきなり、大きなドカーンという音がひびきました。海賊たちが、ピーターと子どもたちが島の上空を飛んでいるのを見て、大砲をうってきたのです。砲弾が、子どもたちをいろんな方向へ飛ばしてしまいました。ジョンとマイケルはあっちへ、ピーターはこっちへとそれぞれ違った方にいってしまいました。ウェンディとティンカー・ベルも、別の方角へいってしまいました。だれも怪我しなかったのですが、おたがいから遠くはなれてしまいました。

4.
On the Island

A lot was happening the night the children came to Neverland. The lost boys were looking for Peter. The pirates were looking for the lost boys. The Indians were looking for the pirates. The animals were looking for the Indians. They all went around and around the island looking for each other.

There were six lost boys, each dressed in an animal skin. Their names were Tootles, Nibs, Slightly, Curly, and the Twins. The twin brothers looked exactly like each other.

Captain Hook led the pirates to look for the lost boys. Hook wore rich clothes. He had long, black hair and sad, blue eyes. He was mean to his men and gave orders. The pirates sang as they looked for the lost boys.

The lost boys came home after looking for Peter all night. They lived in a house under the ground in the forest.

■go around 周りを回る　■be mean to ～に対していじわるで

4.
島で

　ネバーランドへ子どもたちがやってきたその夜は、たくさんのことがおきていました。ロスト・ボーイ（迷子）たちがピーターをさがしていました。海賊たちはロスト・ボーイたちをさがしていました。先住民たちは海賊たちをさがしていました。動物たちは先住民たちをさがしていました。みんながおたがいをさがしまわって島中をめぐっていました。

　ロスト・ボーイたちは六人で、それぞれが動物の革を着ています。六人の名前はトートルス、ニブス、スライトリー、カーリー、そして双子のツインズでした。この双子の兄弟はほんとうによく似ていました。

　フック船長は海賊たちをつれてロスト・ボーイたちをさがしていました。フック船長は豪華な服を着ています。長い黒髪で、悲しげな青い目をしていました。そして自分の手下には意地わるで、命令を下していました。海賊たちは歌いながらロスト・ボーイたちをさがしています。

　ロスト・ボーイたちはピーターを一晩中さがしたあと、ホームへもどってきました。ロスト・ボーイたちは森の中の、地面の下にあるホームに住んでいるのです。

"I wish Peter would come back," they all said.

"I want to hear more stories," Slightly said.

"My mother used to tell me stories," Tootles said. Then they all began to talk about their mothers.

Suddenly the boys heard men singing from far away. It was the pirates! The lost boys ran into their house.

The pirates came to the area where the lost boys lived under the ground. But the pirates did not know the boys were right under them.

"The lost boys must be near. Look for them!" Hook ordered.

The pirates looked among the trees and Hook sat down. More than anything in the world, he wanted one thing: He wanted to catch Peter Pan. Hook was angry that Peter cut off his hand and threw it to a crocodile. The crocodile ate Hook's hand. Now, it wanted to eat Hook's other hand. This made Captain Hook afraid of the crocodile more than anything.

One time, the crocodile almost got Hook's other hand. But Hook threw a clock at the crocodile just in time. It ate the clock. Now, everywhere the crocodile went, you could hear the sound of the clock: "Tick tick tick tick."

■used to よく〜したものだ　■right 副 ちょうど、すぐ　■more than anything in the world 世界中のどんなことよりも　■crocodile 名 ワニ、クロコダイル　■tick 名 カチカチという音

「ピーターにもどってきてほしいよ」みんながいいました。

「もっと話がききたいよ」スライトリーがいいました。

「ぼくのお母さんは、よくお話をしてくれたんだ」トートルスがいいました。それからみんなは自分のお母さんのことを話しだしました。

とつぜん遠くから男たちが歌っているのがきこえてきました。海賊たちです！　ロスト・ボーイたちはホームの中へにげ込みました。

海賊たちは地面の下に住んでいるロスト・ボーイたちがいる場所へやってきたのでした。でも海賊たちは地面のすぐ下にロスト・ボーイたちがいるなんて知りません。

「ロスト・ボーイたちは近くにいるはずだぞ。さがせ！」フック船長が命じました。

海賊たちは木々のあいだをさがしまわり、フック船長はすわりこみました。世界中のどんなことよりも、フック船長がのぞんでいることはひとつだけです。それはピーター・パンをつかまえることでした。フック船長は、ピーターが右手を切りおとしてワニになげてやったことに怒っているのです。ワニはフック船長の右手を食べました。いまでは、ワニはもう片方の手を食べたがっているのです。こうしてフック船長は何よりもワニをこわがるようになったのです。

いちど、もうすこしのところでフック船長のもう片方の手がワニに食べられそうになったことがあります。でも、フック船長はすんでのところでワニに時計をなげました。ワニはその時計を食べてしまいました。いまでは、ワニのいくところはどこでも、時計の音がきこえます。こんなふうに。「カチ、カチ、カチ、カチ」

While the pirates looked for the lost boys, Hook made a plan.

"We cannot find the lost boys tonight. But we know where they play," Hook said. "They play at the lake where the mermaids live. We will cook a big, delicious cake. We'll leave it at the lake. When the lost boys find it there, they will eat it. They will get sick and they will die!"

The pirates all loved the plan. But then they heard a sound: "Tick tick tick tick."

Hook stood up. "The crocodile!" he cried. He ran away as fast as he can. The pirates all followed. Soon, the crocodile came out of the forest. It went the way the pirates went.

Everything became quiet again in the woods. The lost boys came out of their home under the ground. They were safe. Then Nibs saw something in the sky.

"It's a great white bird! It's flying this way!" Nibs cried.

But it was not really a bird. It was Wendy. Tinker Bell was with her. Tinker Bell was not a bad fairy, but she did not like Wendy. She did not want Wendy to be Peter's friend. So when she saw the lost boys, she lied to them.

■mermaid 名人魚 ■love 動気に入る ■wood 名森

海賊たちがロスト・ボーイたちをさがしているあいだ、フック船長はある計画を立てました。
「今夜はロスト・ボーイたちをみつけられないぞ。だがやつらがどこで遊ぶのかわかっている」フック船長はいいました。
「やつらは人魚が住んでいる湖で遊ぶのだ。大きくてすごく旨いケーキを焼くぞ。それを湖においておくんだ。ロスト・ボーイたちがみつけたら食べるにきまってる。そして病気になって死んでしまうのさ！」
　海賊たちはみんなフック船長の計画が気にいりました。でもそのとき、ある音がきこえてきました。「カチ、カチ、カチ、カチ」
　フック船長は立ち上がりました。「ワニだ！」船長はさけびました。いつものように死にもの狂いで逃げ出しました。海賊たちはあとを追っていきました。やがて、ワニが森から出てきて、海賊たちが逃げていった方へすすんでいきました。
　森の中はすべてがまたしずかになりました。ロスト・ボーイたちは地下のホームから出てきました。みんな無事です。そしたら、ニブスが空に何かみつけました。
「大きな白い鳥だ！　こっちに飛んでくるぞ！」ニブスは大声でいいました。
　でもほんとうは鳥ではなかったのです。ウェンディだったのです。ティンカー・ベルがそばで飛んでいました。ティンカー・ベルはわるい妖精ではありませんでしたが、ウェンディが好きではありません。ウェンディがピーターの友だちでいてほしくないのです。そこでロスト・ボーイたちに会ったとき、うそをつきました。

The lost boys all saw and heard Tinker Bell. She said in fairy language, "Peter wants you to shoot the Wendy."

All the boys hurried to get their bows and arrows.

Tootles got his bow and arrow first.

"Quick, Tootles, quick! Peter will be so pleased!" Tinker Bell said.

Then Tootles shot Wendy right in the heart.

■bow 名弓 ■arrow 名矢 ■right 副まっすぐに

ロスト・ボーイたちはみんなティンカー・ベルに会って、彼女の言い分をきいてやりました。ティンカー・ベルは妖精の言葉でいいました。「ピーターはあんたたちに、ウェンディを矢でうってほしいのよ」
　男の子たちはいそいで弓と矢をとりにいきました。
　トートルスがまっさきに自分の弓と矢をもってきました。
　「早く！　トートルス、早く！　ピーターがとってもよろこぶわ！」ティンカー・ベルがいいました。
　そしてトートルスはウェンディの胸にまっすぐ矢をはなったのです。

☪覚えておきたい英語表現

> "Oh, *I wish I did not have to* go to a party tonight!"
> （p.14、下から4行目）
> ああもう、今夜パーティに行かないといけないなんて！

【解説】ピーター・パンと遭遇し不思議な体験をしたダーリング夫人が、子どもたちだけを残してパーティに行かなければいけなくなり、どうにも胸騒ぎがしている際の台詞です。

　この文を直訳すると「私が今夜パーティに行く必要がなければいいのに（でも行く必要がある）」という意味になります。このような表現を「仮定法」といいます。

　仮定法では「現在の事実に反することは過去形で表す」という決まりがありますので、I wish S + 動詞の過去形＝「～だったならいいのに（でも実際はちがう）」という形になります（Sは主語）。Ifを用いた文も含めて例文で見てみましょう。

I wish I *had* more time. 「(今)もっと時間があったならなあ」（実際はない）

I wish I *could* buy the car. 「(今)あの車が買えたらなあ」（実際は買えない）

If I *were* a bird, I *could* fly. 「(今)私が鳥だったら、飛ぶことができるのに」
　　　　　　　　　　　　　　　　（実際は鳥ではないし、空も飛べない）

　仮定法を苦手に感じる方が多いようですが、口語・文語問わずよく使われる表現です。例文を覚えて慣れていただきたい文法の一つです。

> **but it *wouldn't* stick to him.** （p.16, 下から4行目）
> しかしそれ（影）はどうしても彼にくっつこうとはしなかった。

【解説】ナナに取り上げられてしまったピーターの影を、なんとか元に戻そうと奮闘している際の表現です。このwouldn'tは訳し方にコツが必要です。wouldはもちろんwillの過去形なので、過去から見た未来に対して「～だろう」という使い方があります。

> She told me that it *would* be rain soon.
> 彼女は私にすぐ雨が降るだろうと言った。

しかし、ここで用いられているwouldは「～だろう」の否定形ではありません。「どうしても～しようとしなかった」という強い拒絶の意思を表します。例文で見てみましょう。

> The dog *wouldn't* walk.
> その犬はどうしても歩こうとはしなかった。

> She *wouldn't* obey her parents.
> 彼女はどうしても親の言う通りにしようとはしなかった。

ちなみにwouldだけだったら「どうしても～しようとした」という意味になります。

> He *would* do it anyway.
> 彼はとにかくそれをやろうとした。

この用法のwouldにはストレスが置かれるので、通常I'dと省略はしません。willには名詞で「意思」という意味がありますし、「～しようと欲する」が語義です。will、wouldが持つ意思のニュアンスに注目しましょう。
しかし「影を取り上げられて、なかなか元通りにはならなかった」なんてとてもファンタジーらしくもあり、ピーター・パンの不思議さを表しているようにも思えます。もしかしたら著者バリーが何かのメッセージを隠しているのかな？　なんて想像しながら読み進めるのもピーター・パンの楽しみ方の一つです。

Peter and Wendy
Part 2

5.
The Little House

Wendy fell to the ground.

"This is not a bird," Slightly said. "It's a lady."

"A lady?" said Tootles. He knew he had done something very bad.

"We killed a lady!" Nibs cried.

Just then, Peter flew over the trees. "Hello, lost boys!" he cried.

All the lost boys felt terrible. Now Peter would find out they killed a lady.

"I'm back, and I have good news," Peter said. "I brought you all a mother to tell you stories."

"Oh no!" Tootles cried. "I killed the lady you brought!"

■feel terrible ひどく心苦しく思う　■find out 気づく

5.
ウェンディの小さなお家

　ウェンディは地面によこたわりました。
「これは鳥じゃないぞ」と、スライトリーがいいました。「レディーだ」
「レディーだって?」トートルスがいいました。とてもわるいことをやってしまったことに気づきました。
「ぼくらはレディーを殺しちゃったんだ!」ニブスがいいました。
　ちょうどそのとき、ピーターが木々の上を飛んできました。「やあ、ロスト・ボーイ!」ピーターが大声でいいました。
　ロスト・ボーイ全員がびくびくしています。すぐにピーターは、自分たちがレディーを殺してしまったのに気づくでしょう。
「帰ってきたよ。そしていい知らせがあるんだ」ピーターはいいました。「お話をしてくれるお母さんをつれてきたんだ」
「そんな!」トートルスがさけびました。「ピーターがつれてきたレディーを殺しちゃったよ!」

Peter saw Wendy on the ground. There was an arrow in her heart. She looked dead. But Wendy raised her arm. She was alive! The arrow hit the button on a chain that Peter gave her. The button saved Wendy's life.

"Tinker Bell told us to shoot the lady," Tootles said. Peter was very angry. He told Tinker Bell to go away for a whole week. So Tinker Bell flew off, angry and sad.

Wendy was still on the ground. She looked weak, so the lost boys decided to build a house around her. They brought out their beds, chairs, and table from their home under the ground. They were all busy when John and Michael walked out of the woods toward them.

"Hello, Peter!" John and Michael said. "We found you!" Then they saw Wendy too.

"Is Wendy sleeping?" they asked.

"Yes," Peter said. "Help us to build a house around her." So they made a house out of sticks and branches. When everything was finished, they knocked on the door. The door opened and Wendy came out. The lost boys all took off their hats.

■go away どこかへ行く、消えうせる　■fly off 飛び去る　■bring out 持ち出す　■walk out of ～から出る　■make ~ out of …で~を作る　■branch 图枝　■take off 脱ぐ

ピーターは地面によこたわっているウェンディを見ました。胸に矢がささっています。ウェンディは死んでいるようでした。でも、ウェンディは腕をあげたのです。生きている！　矢はボタンにささっていたのです。ウェンディがピーターからもらってネックレスにつけたボタンにささったのでした。ボタンがウェンディの命を助けたのです。

　「ティンカー・ベルがその子をうつようにいったんだ」トートルスはいいました。ピーターははげしく怒りました。ティンカー・ベルに、おまえなんか、まるまる一週間いなくなってしまえ、といいました。そしてティンカー・ベルは飛びさっていきました。怒ったり悲しんだりして。

　ウェンディはまだ地面によこたわっています。弱っているようすなので、ロスト・ボーイたちは彼女のまわりに家をこしらえることにしました。ベッド、イス、そしてテーブルを地下の自分たちのホームからもってきました。ジョンとマイケルが森から出てきて、近くにやってきたときは、みんなせっせとはたらいていました。

　「やあ、ピーター！」ジョンとマイケルがいいました。「ここにいたのか！」ふたりはそういうと、ウェンディを見ました。

　「ウェンディは眠ってるのかい？」ふたりがたずねました。

　「そうだよ」ピーターがいいました。「彼女のまわりに家を作るんだ、手伝っておくれよ」そこでみんなで木の枝で家を作りました。家ができあがったとき、みんなでドアをたたいてみました。ドアがあいてウェンディが出てきました。ロスト・ボーイたちはみんな帽子をぬぎました。

"Wendy, we built you this house!" the boys said.

"It's a beautiful house!" Wendy said.

"Wendy lady, please be our mother," the lost boys said.

"I will do my best. Come inside and I will tell you the story of Cinderella," Wendy said.

They all went inside. Wendy told them stories and they all went to bed happy.

For a while, life continued like this. Wendy became the lost boys' mother. She sewed their clothes. She told them stories. They all played happily in the woods and in their little home. Hook's plan to cook a cake didn't catch Peter Pan or the lost boys. But one day, something dangerous happened at the lake where the mermaids live.

■please 副 どうか、なにとぞ　■sew 動 ～を縫う

「ウェンディ、ぼくたちがお家を作ったんだよ！」子どもたちがいいました。
「きれいなお家！」ウェンディがいいました。
「レディー・ウェンディ、どうかぼくたちのお母さんになってください」みんながいいました。
「いっしょうけんめいやってみるわ。中に入って、そしてシンデレラのお話をしましょう」ウェンディはいいました。
 みんなが中へ入りました。ウェンディはお話をし、子どもたちは幸せな気分になって眠りました。
 しばらくのあいだ、こんなふうにしてときがすぎていきました。ウェンディはロスト・ボーイたちのお母さんになりました。ウェンディは子どもたちの服を縫いました。お話もきかせました。みんな森の中や小さなホームで楽しく遊びました。フック船長のケーキを焼く計画では、残念ながらピーター・パンも、ロスト・ボーイたちもつかまえられませんでした。でもある日のこと、人魚が住んでいる湖で、悲劇がおこったのです。

6.
Fight at the Lake

The children often went to the lake where the mermaids lived. One day while the children played in the water, it became very dark. Peter knew something dangerous was about to happen.

All the children hurried to hide behind rocks. Slowly, a boat came. In the boat were three pirates, and they were coming toward them! The pirates had Tiger Lily, the Indian princess, tied up in the boat. They were going to leave her on a rock to die. Seeing this, Peter decided to save her.

"Pirates!" he called out from behind a rock. He made his voice sound just like Captain Hook's. "Let the princess go!"

The pirates were shocked to hear their captain.

"Captain Hook, is that you?" they called out in the darkness.

"Yes, and I order you to set Tiger Lily free!" Peter said. He sounded exactly like Hook.

■hide 動 かくれる　■tie up しばりあげる　■set ~ free ~を解放する　■sound 動（音を）発する

6.
湖での戦い

　子どもたちは、人魚が住んでいる湖へちょくちょくいっていました。ある日、水の中で遊んでいると、あたりがとてもくらくなりました。ピーターは何か危険がせまっていることに気づきました。

　子どもたちはみんな、岩かげにかくれようといそぎました。ゆっくりと、船がやってきました。船には海賊が三人いて、こちらにやってくるではありませんか！　海賊たちはタイガー・リリーという名前の先住民の王女を船にしばりつけていました。彼女を岩におきざりにして死なせてしまおうとしていたのです。これを見て、ピーターはタイガー・リリーを助けることにしました。
　「海賊ども！」ピーターは岩かげから大声を出しました。船長の声とそっくりな声でした。「王女をはなせ！」
　海賊たちはフック船長の声をきいておどろいてしまいました。
　「フック船長、あんたなんですかい？」海賊たちはやみの中で大きな声でいいました。
　「そうだ。タイガー・リリーの解放を命ずる！」ピーターはいいました。フック船長の声にほんとうにそっくりです。

The pirates thought it was strange that Hook changed his mind about killing the princess. But they had to follow orders. They let her go. She jumped into the water and swam back to her village.

Then all of a sudden came Captain Hook's voice again.

"Pirates!" the voice said.

Peter looked at Wendy, surprised. The real Captain Hook was there in the water. Hook swam to the boat and climbed inside.

"Captain, is everything okay?" the pirates asked. Their leader looked very sad.

"I just found out," Hook said, "that Peter Pan and the lost boys found a mother." The pirates were all shocked.

"Now someone will look after the boys. They won't come out to fight or do dangerous things anymore," Hook said sadly. This was a big problem for the pirates. If the lost boys wouldn't fight them, they would have no one else to fight.

"Captain," said the pirate Smee, "could we take the boys' mother and make her our mother?"

"That is a great idea," cried Hook. "We will catch all the boys and kill them. Then we will make Wendy our mother!"

■change one's mind 気が変わる　■follow 動（命令に）従う　■look after 〜の面倒を見る　■make someone 〜 （人を）〜にする

海賊たちは、王女を殺すことに、フック船長の気が変わったなんておかしいと思いました。でも命令には従わなくてはなりません。海賊たちはタイガー・リリーをはなしました。タイガー・リリーは水の中へ飛びこむと、村へおよいでもどりました。
　するととつぜんフック船長の声がまたきこえてきました。
　「海賊ども！」と、その声はいいました。
　ピーターはウェンディの方を向くと、びっくりしました。ほんもののフック船長が湖水の中にいたのです。フック船長は船へおよいでいって、乗り込みました。
　「船長、ご無事で？」海賊たちがききました。フック船長はとても悲しそうです。
　「たったいま、わかったことだがな」フック船長はいいました。「ピーター・パンとロスト・ボーイのやつらはお母さんをみつけたようだ」海賊たちはみんなびっくりしてしまいました。
　「どこのどいつかわからんが、ボーイたちの面倒を見ているようだ。出てきて戦ったり危ないことをやる気なんかあるものか」フック船長は悲しそうにいいました。海賊たちにとって、これは大きな問題でした。もしロスト・ボーイたちが自分たちと戦わないなら、いったいだれと戦ったらいいんだ、だれもいないじゃないか、というわけです。
　「船長」と、スミーという海賊がいいました。「やつらのお母さんをつれてきて、おれたちのお母さんにできないもんですかね？」
　「それはいい考えだな」フック船長は大きな声でいいました。「やつら全員をつかまえて殺せるだろう。そしてウェンディをわしたちのお母さんにできるぞ！」

Just then Hook remembered Tiger Lily. "Where is the Indian princess I told you to leave on the rock?" he asked.

"We let her go, like you told us," Smee said.

"Let her go!" cried Hook. "I never told you to let her go!"

"But Captain Hook, you just told us to set her free," the pirates said.

Hook looked around the dark lake.

"Who is there?" Hook cried. "Who told my pirates to let Tiger Lily go?"

Peter was too excited to stay quiet.

"It was me, Peter Pan!" he cried, and jumped out from his rock. "Lost boys! Let's fight some pirates!"

The lost boys ran from their hiding places. Hook and the pirates jumped to action. They all began to fight in the lake. Hook came after Peter. They fought, and the captain's hook cut Peter twice.

Just then, Hook heard "Tick tick tick tick." It was the crocodile! He swam as fast as he could back to his ship, followed by the crocodile. The lost boys all laughed at Hook. They went home, thinking the fight was over.

But Peter was hurt and Wendy was tired. They lay on a rock, too tired to move. As they lay, the ocean water began to rise. If they didn't move soon, they would be under water!

■too ~ to あまりに〜で…できない　■jump to action 急いで行動にうつる　■come after 〜のあとを追う

ちょうどそのとき、フック船長はタイガー・リリーのことを思いだしました。「岩におきざりにしろといったあの先住民の王女はどこだ？」フック船長はたずねました。

「はなしましたよ。いわれたとおりに」スミーがこたえました。

「はなしただと！」フック船長がどなりました。「はなせなどといってないぞ！」

「でも、フック船長、自由にしろとさっきおっしゃったばかりで」海賊たちはこたえました。

　フック船長はくらい湖をみわたしました。

「そこにいるのはだれだ？」フック船長は大声でいいました。「だれがわしの手下にタイガー・リリーをはなせといった？」

　ピーターはあまりにも楽しくなって、しずかにしていられませんでした。

「ぼくだ！　ピーター・パンだ」ピーターはさけんで、かくれていた岩から飛び出してきました。「ロスト・ボーイたち！　あいつらと戦うぞ！」

　ロスト・ボーイたちはかくれていた場所から走りだしました。フック船長と海賊たちはすぐにむかえうちました。湖の上で戦いがはじまってしまいました。フック船長がピーターのあとをおっています。ふたりが戦っていると、フック船長のフックがピーターを二回切りつけました。

　ちょうどそのとき、フック船長は「カチ、カチ、カチ、カチ」という音をききつけました。あのワニです！　ワニにおいかけられながら、フック船長は力をふりしぼり、精いっぱい速くおよいで船までもどりました。ロスト・ボーイたちはフック船長を笑っています。戦いはおわったと思い、少年たちは地下のホームへ帰りました。

　でもピーターは傷ついて、ウェンディはへとへとです。動けないほどつかれきって、ふたりは岩によこになりました。そうしているうちに、水が上ってきました。すぐさまその場をはなれていなかったら、ふたりとも水の中へしずんでいたでしょう！

Peter was too hurt to swim or fly away. Wendy was too tired. Then, a piece of paper came flying toward them. But was it just a piece of paper? No, it was Michael's kite!

Peter caught the tail of the kite. He tied it around Wendy. She didn't want to leave Peter, but he pushed her off the rock. Wendy waved goodbye and the kite flew away, carrying her with it.

Now Peter was alone on the rock. The water kept rising. He didn't know what to do. But then he saw a Never bird coming toward him on the water.

A Never bird is a bird that lives only on Neverland. It lays eggs in a nest that floats on the water. When the Never bird got close to Peter, it jumped out of its nest. It gave Peter its nest to use as a boat. Peter climbed in. He was saved! He thanked the Never bird and used his new boat to get home.

Back at home, everyone was happy to see Peter. Wendy also got home safely by flying on the kite. Peter and the lost boys were excited about the fight with the pirates. But do you know what they were most excited about? They were all most excited about how they got to stay up past bed-time.

■fly away 飛んでいく　■kite 名 凧　■tail 名 しっぽ　■push ~ off ~を押し出す
■wave 動 手をふって合図する　■nest 名 巣　■get close to ~のそばによる　■get home 家に帰る　■stay up 夜中まで起きている

ピーターはおよいだり、飛んだりするにはあまりにもふかく傷ついていました。ウェンディはもう、ぐったりとしています。すると、一枚の紙きれがふたりにむかって飛んできました。でも、ただの紙きれだったのでしょうか？　いいえ、それはマイケルの凧だったのです！

　ピーターは凧のしっぽをつかみました。そしてウェンディにまきつけてむすんでしまいました。ウェンディはピーターをおいていきたくはありませんでしたが、ピーターはウェンディを岩からおしだしてしまいました。ウェンディは手をふってわかれの合図をすると、凧は彼女をつれて飛んでいきました。

　もうピーターは岩の上でひとりぼっちです。水はどんどんあがってきています。ピーターはどうすればよいのかわかりません。でもそのとき、鳥のネバーバードが水の上をピーターの方に飛んでくるのが見えました。

　ネバーバードはネバーランドだけにすむ鳥です。水に浮かぶ巣に卵をうむのです。ネバーバードがピーターのそばにやってきたとき、その鳥は巣から飛びたちました。ピーターに、巣をボートとしてあたえたのです。ピーターは巣に入りました。助かったのです！　ピーターはネバーバードにお礼をいい、この新しいボートを使ってホームへ帰ることにしました。

　ホームでは、みんなピーターに会ってよろこびました。ウェンディも凧にのって無事に帰ってきていました。ピーターとロスト・ボーイたちは海賊たちとの戦いで、はしゃいでいました。でも、何にいちばんはしゃいでいたか、みなさん、わかるかな？　寝る時間をすぎてもおきていられたので、みんなおおはしゃぎだったのですね。

ピーター・パンとウェンディ

7.
Wendy's Story

Because Peter saved Tiger Lily's life, the Indians became their friends. The Indians stayed by the children's home and watched for danger. They watched especially for pirates.

One night, after the children finished their dinner, Wendy told them a bed-time story.

"Once upon a time, there were three children," she said. "Their names were Wendy and John and Michael."

The lost boys sat close to Wendy. They loved this story.

"One night, the three children flew away to Neverland. They had a happy, fun time. But how do you think their mother and father felt?"

"Sad!" the lost boys cried.

■once upon a time　むかしむかし　■sit close to　〜のすぐそばに座る

7.
ウェンディのお話

　ピーターがタイガー・リリーの命を助けたので、先住民たちとだれもが友だちになりました。先住民たちは子どもたちのホームのそばで、危険になったら大変と、気をつけていました。とくに海賊たちに目を光らせていました。

　ある晩、子どもたちが夕食をおえたあと、ウェンディは寝るまえのお話をきかせてやりました。

　「むかしむかし、三人の子どもがいました」と、ウェンディがお話をはじめます。「名前はウェンディとジョンとマイケルです」

　ロスト・ボーイたちはウェンディのそばにすわっています。このお話が大すきなのです。

　「ある晩、三人の子どもたちはネバーランドへ飛んでいきました。楽しく、幸せなときをすごしました。でも、三人のお母さんとお父さんはどんな気もちだったのでしょう？」

　「悲しいよ！」ロスト・ボーイたちは大きな声でいいました。

"That's right. Mother and father wanted their children back home. They left the window open so the children could fly back in. When the children had enough fun in Neverland, they flew home. But they were all grown up," Wendy said.

Peter did not like this story.

"When I tried to go home long ago," Peter said, "my mother had closed the window. I couldn't fly back in. And there was a new boy in my room. That's how mothers are."

This worried Wendy and John and Michael.

"Oh, maybe we should go home now!" John cried.

"Yes, let's!" said Michael.

"Peter, will you help us get back home?" Wendy asked. Peter did not want them to go. But he was too proud to ask them to stay. So he told Tinker Bell to help them fly across the sea. Suddenly, Wendy had an idea.

"Lost boys, why don't you come with us?" she said. "You all need a mother!"

■get back 帰る　■ask ~ to（人に）~するようにいう　■Why don't you ~?　~しませんか？

「そうね。お母さんとお父さんは子どもたちにおうちに帰ってきてほしかったのです。ふたりは子どもたちが飛んで入ってこられるように、窓をあけはなっていました。子どもたちはネバーランドでじゅうぶん楽しんだあと、おうちへ飛んで帰りました。でも、三人はみんな大人になっていたのです」ウェンディがお話をしました。

ピーターはこのお話が好きではありませんでした。

「ずいぶんむかしのことだったけど、家に帰ろうとしたとき」ピーターはいいました。「ぼくのお母さんは窓をしめていた。ぼくは中に入れなかったんだ。そしてぼくの部屋には新しい男の子がいた。お母さんなんてそんなもんさ」

ウェンディとジョンとマイケルは心配になりました。

「みんな、もうお家に帰らなくっちゃ！」ジョンが大きな声でいいました。

「うん、そうしよう！」マイケルがいいました。

「ピーター、お家へ帰るのを手伝ってくれない？」ウェンディがたのみました。ピーターは三人を帰したくはありませんでした。でも、いてほしいとたのむなんて、はずかしくていえないのです。だからピーターはティンカー・ベルに海をわたって帰るのを手伝うよういいました。とつぜん、ウェンディはいい考えを思いつきました。

「ロスト・ボーイたち、わたしたちといっしょにこない？」彼女はつづけます。「みんなお母さんがほしいでしょ？」

The lost boys loved the idea. They all got ready to go. They thought Peter would come with them. But Peter thought differently.

"I'm not coming," Peter said.

"What?" cried the others. "Why not?"

"I don't want a mother. I don't want to grow up. I'm going to stay in Neverland and stay a little boy forever," Peter said.

The others couldn't believe it. They asked Peter to please come, but he would not change his mind. There was nothing left to do. So Peter told Tinker Bell to fly with the children back to England.

But as Tinker Bell got ready to lead the children outside, a shocking thing happened: The pirates came!

■get ready to ～する準備をする　■please 副 お願いだから

ロスト・ボーイたちはウェンディの考えが気にいりました。みんな出かける用意ができました。みんなピーターもいっしょにくるだろうと思いました。でもピーターの考えは違っていました。
　「ぼくはいかない」ピーターはいいました。
　「えっ？」ほかのみんながいいました。「どうしてこないの？」
　「お母さんなんていらないんだ。ぼくは大きくならない。ネバーランドにいてずっと子どものままでいるんだ」ピーターはいいました。
　子どもたちはそんなこと、信じられませんでした。みんなピーターにいっしょにくるようたのみましたが、ピーターの決心を変えることはできませんでした。できることは何ものこっていません。そこでピーターはティンカー・ベルに子どもたちをイングランドへ飛んでつれていくようにいいました。
　でもティンカー・ベルが子どもたちを外へつれて出ようと支度ができたとき、びっくりするようなことがおきました。海賊たちがやってきたのです！

8.
Pirates!

The children heard the cry of the Indians outside. Then they heard the cry of the pirates. They heard guns and people falling. It was a war! Afraid to go outside, the children listened. Soon, all was quiet. But who had won?

"When the Indians win a war, they always beat their drum," said Peter. So the children listened carefully for the sound of the Indian drum.

Outside, dead and hurt Indians lay on the ground. Captain Hook walked around happily. He had won the war! Smee the pirate felt tired from fighting and needed some rest. He found a seat and sat down. But it wasn't a seat, it was really the Indian drum!

■drum 名太鼓　■seat 名イス

8.
ふたたびやってきた海賊たち！

　子どもたちは外にいる先住民の叫び声をききました。それから海賊たちの叫び声もききました。銃声がきこえ、人々がたおれているようです。戦争です！こわくて、外に出られません。子どもたちは耳をすませていました。するとすぐに、静かになりました。でも、どちらがかったのでしょう？

　「インディアンがかつときは、いつも太鼓を打つんだけどな」ピーターがいいました。そこで子どもたちは用心ぶかく先住民たちの太鼓の音に耳をすませました。

　外では、死んでしまったり、負傷した先住民たちが地面によこたわっています。フック船長は満足そうに歩きまわっています。フック船長は戦争にかったのです！　海賊のスミーは戦でつかれ、しばらく休けいがほしいと思っていました。スミーはイスがあったのですわりました。でも、それはイスではなく、先住民の太鼓でした！

Hook knew exactly what Smee was sitting on. He still wanted to catch Peter Pan and the lost boys. He knew they were still inside their house. Hook told Smee to stand up and beat on the drum.

Smee understood right away. He smiled a big smile and beat on the drum twice.

Inside the house, the lost boys heard the drum. They cheered—the Indians had won! Now they could go outside safely and fly home with Wendy. One by one, the children went outside. But the pirates were waiting for them. One by one, the children were caught and tied up. Last came Wendy. She got tied up too, but Captain Hook used manners with her because she was a girl.

Hook told the pirates to take the children to the ship. He wanted to wait for Peter alone.

Peter did not want to go with the children. He did not want a mother and he did not want to grow up. So he stayed in the little house all alone. He did not know that the pirates caught all the children. He did not know Hook was outside, waiting for him.

■beat on たたく　■right away すぐに　■one by one ひとりずつ　■all alone たったひとりで

フック船長はスミーがほんとうは何にすわっているか、はっきりわかっていました。このときもまだ、フック船長はピーター・パンとロスト・ボーイたちをつかまえたかったのです。そしてみんながまだホームの中にいることがわかっていました。スミーに立ち上がって太鼓を打つよういいました。

　スミーはすぐに船長の目的がわかりました。うれしそうに、にっこり笑うと、太鼓を二回、うちました。

　ホームの中では、ロスト・ボーイたちがドラムの音を耳にしました。みんなうれしくてたまりません。先住民たちがかったのです！　さあ安心して外へ出て、ウェンディといっしょにイングランドへ飛んでいけます。ひとりずつ、子どもたちは外へ出てきました。でも海賊たちがまちかまえていたのです。ひとりずつ、子どもたちはつかまって、しばられてしまいました。さいごに出てきたのはウェンディです。ウェンディもしばられてしまいましたが、フック船長は、ウェンディが女の子だったのでお行儀よくしました。

　フック船長は海賊たちに子どもたちを船につれていくよう命じました。ひとりでピーターをまちたかったのです。

　ピーターは子どもたちといっしょにはいきたくありませんでした。ピーターはお母さんもほしくなかったし、大きくなりたくもありませんでした。だからたったひとりで小さなホームにのこっていたのです。ピーターは海賊たちが子どもたちみんなをつかまえたことなど知らなかったし、フック船長が外で自分をまっていることも知りませんでした。

Hook waited, but Peter did not come out. Soon, Hook could not wait any longer. He decided to go into the little house. He opened the door and found Peter Pan sleeping on the bed. Next to Peter was a little table. On the table, Hook saw a bottle of medicine. It was the medicine Wendy made Peter take every night before bed. Hook had a terrible idea.

Captain Hook always carried a bottle of poison with him. It was the strongest poison in the world. He put a little of the poison in Peter's medicine bottle. Hook thought when Peter drank the medicine, he would die.

Laughing, Hook left the little house. He was sure he got Peter Pan this time.

After Hook left, Peter Pan woke up. There was somebody at the door.

"Who is it?" he called.

He heard the sound of golden bells.

"Tink!" Peter said, and opened the door. Tinker Bell flew in and told Peter what had happened to the children.

"Oh no!" Peter cried. "I'll save them!" Peter thought about Wendy. He had been mean to her before she left. He felt bad and wanted to do something that would make her happy.

■get 動 やっつける ■be mean to ～に対してつめたく当たる ■feel bad はずかしく思う、後悔する

フック船長はまっていましたが、ピーターは出てきません。すぐに、フック船長はこれ以上まてなくなり、小さなホームの中へ入ることにしました。ドアをあけるとピーター・パンがベッドで眠っているのをみつけました。ピーターのよこには小さなテーブルがあります。そこに薬のびんがおいてありました。その薬は、ウェンディがピーターに毎ばん寝るまえにのむよう作った薬なのでした。フック船長はあるとんでもない考えが浮かびました。

　フック船長はいつも毒をもち歩いていたのです。世界中でいちばんつよい毒でした。ピーターの薬のびんにほんの少し、その毒を入れました。ピーターが薬をのんだとき、死んでしまうと考えたのです。

　笑いながら、フック船長は小さなホームから出てきました。こんどこそピーター・パンをしとめた、と自信をもっていました。

　フック船長が出ていったあと、ピーター・パンは目を覚ましました。ドアのところにだれかがいます。

　「だれだ？」ピーターはよびました。

　そして金のすずの音がきこえてきました。

　「ティンク！」ピーターはそういうとドアをあけました。ティンカー・ベルが中へ入ってきて、子どもたちがどうなったかピーターに教えました。

　「そんな！」ピーターはさけびました。「助けなくっちゃ！」ピーターはウェンディのことを思いました。彼はウェンディがいってしまうまえ、つめたくあたりました。ピーターは、それがはずかしくて、どうにかしてウェンディをよろこばせたいと思いました。

ピーター・パンとウェンディ

"I know!" Peter thought. "I'll take my medicine. That would make Wendy happy."

He reached for the medicine bottle.

"No!" cried out Tinker Bell. "Hook poisoned it!" When she was in the forest, she saw Hook leaving the house. She heard him laughing about what he had done.

She told Peter what she saw but he didn't believe her. He started to take a drink. Tinker Bell jumped in front of his mouth and drank the poisoned medicine. She began to feel sick. She slowly flew to her little bed.

"What is the matter with you?" cried Peter, suddenly afraid.

"I drank the poison, and now I am going to die."

"Oh, Tink, did you drink it to save me?"

"Yes."

"But why?" Peter asked. After all this time, Peter still did not understand that Tinker Bell was in love with him.

Tinker Bell's bright light was slowly going out. She said something. Peter almost couldn't hear. She said it again.

"I think I could get well again if children believed in fairies," she said.

■take a drink（飲み物を）のむ　■feel sick 気もちがわるい　■matter 图問題、よくない事柄　■be in love with 〜を愛して　■go out（光が）きえる　■get well 元気になる、治る

「そうだ！」ピーターは考えました。「薬をのもう。ウェンディがよろこぶぞ」
ピーターは薬のびんに手をのばしました。

「だめ！」ティンカー・ベルがさけびました。「フック船長が毒を入れたのよ！」ティンカー・ベルは森の中で、フック船長がここを出ていくのを見ていたのです。彼女はフック船長が自分がやったことをおもしろがっていたのをきいていました。

ティンカー・ベルはピーターにそのことを話しましたが、ピーターは信じません。ピーターは薬をのもうとしていました。ティンカー・ベルはピーターの口のまえに飛んでいき、毒の入った薬をのんでしまいました。だんだん気もちがわるくなってきました。ゆっくりと自分の小さなベッドに飛んでいきました。

「いったいどうしたんだ？」ピーターは大きな声でいうと、きゅうに心配になりました。

「毒をのんだの。もうじき死ぬわ」

「そんな、ティンク、ぼくを助けるためにのんだのか？」

「そうよ」

「でも、どうして？」ピーターはたずねました。こんなときになっても、ピーターは、ティンカー・ベルに愛されていることがわからないでいるのでした。

ティンカー・ベルの明るかった光がゆっくりときえていきます。彼女が何かいいました。ピーターにはほとんどききとれません。ティンカー・ベルはまた何かいいました。

「子どもたちが妖精を信じてくれたら、また元気になると思うの」と、ティンカー・ベルはいいました。

Peter jumped up. There were no children there. But it was night time, so he said to all the children who might be dreaming: "Do you believe?"

Tink sat up in bed to listen.

She thought she heard some children saying, "Yes." But she wasn't sure.

Peter shouted louder, "If you believe, clap your hands! Don't let Tink die!"

Many children clapped. Some didn't. But it was enough. Tinker Bell was saved. She grew strong and suddenly she jumped out of bed. She flew around the room faster than ever.

"Now, let's save Wendy!" Peter said.

■sit up 起き上がる　■clap 勴 手をたたく

ピーターは飛びあがりました。でもそこに子どもたちはいません。でも、夜だったのでピーターは夢を見ている子どもたちみんなにいいました。「妖精たちを信じているか？」

　ティンクはベッドに起き上がって耳をすませました。

　彼女には子どもたちの「はい」という声がきこえたようでした。でもたしかではありません。

　ピーターはさらに大きな声でたずねました。「信じているなら、手をたたいてくれ！　ティンクを死なせないでくれ！」

　大勢の子どもたちが手をたたきました。何人かはたたきませんでした。でもじゅうぶんでした。ティンカー・ベルは助かったのです。つよくなって、きゅうにベッドから飛んで出てきました。そして部屋中をいままでにないほど早く飛びました。

　「さあ、ウェンディを助けにいこう！」ピーターがいいました。

☾★覚えておきたい英語表現

> He *knew* he *had done* something very bad. （p.46, 3行目）
> 彼は自分が何かとても悪いことをしてしまったことに気づいた。

【解説】ティンカー・ベルのうそによって、ウェンディを矢で撃ち落としてしまったトートルスの心情を表した言葉です。

knew（単純過去形）と had done（過去完了形）の違いをここで見ておきましょう。

過去完了形は「had + 動詞の過去分詞形」で表現します。上の文では "had done" がそれです。日本語にはない文法なので苦手に感じる方が多いようです。

"I bought a pen. I lost my pen." と誰かが言ったとします。このままだと「買ったペンを失くしたの？」「ペンを失くしたから新しいものを買ったの？」という2通りの解釈がありえます。しかし次の文のように、

> I *lost* my pen which my father *had bought* me 10 years ago.
> 父が10年前に買ってくれたペンを失くしてしまった。

と、過去完了形を用いることで、「買ってくれた（had bought）ペンを→失くした（lost）」という時系列になっていることが文法的に明示されます。

本文に戻りましょう。トートルスが気づいた（knew）のは「過去」の時点。「何かとても悪いことをしてしまった」のは、それよりも前の出来事ですから過去完了の "had done" で表現しているのです。過去よりも過去の時点を「大過去」といいます。

英語はとても論理的な言語です。文法的に時系列をはっきりさせることで、出来事の順番を相手に誤解なく伝えられるのです。この表現のあとも過去完了が出てきます。例えばp.70, 下から2行目に "He <u>had been</u> mean to her before she <u>left</u>." という表現が出てきます。ぜひ「過去と大過去の時系列」を思い出して楽しんでいただきたいと思います。

> *That's how* mothers *are.* （p.62, 8行目）
> 母親なんてそんなもんさ。

【解説】ピーターが「自分の母親は窓を閉めていたから中に入れなかった。それに新しい男の子をもうけていたんだ」に続けて述べた言葉です。
　howは皆さんもよくご存知の「方法・やり方・様子」を表す言葉ですね。

　　　How did you *do* that?　　　どうやってそれをやったの？

　areはbe動詞ですから「状態」を表します。表記の文を直訳すると「母親たちはそのような状態であるものなのだ」という意味になります。
　ピーターの言いたいことをくみ取って訳すと、「母親っていうのは、子どもがいなくなっても待っていないし、次の子どもが生まれたらそっちに愛情が行ってしまうものだ。期待したってムダだ」ということになるのでしょう。

　　　That's how teens *are.*　　　ティーンズってそんなもんだ。

　　　That's what kids *do.*　　　それが子どもだよ。(子どもがしそうなことだよね)

　ピーター・パンというと不思議な国を舞台に、妖精は出てくるし、空は飛べるし海賊と闘うなど、冒険とファンタジーの物語という印象がありますが、物語全体をよく読んでみるととてもセンチメンタルで叙情的な面があることに気づきます。
　母親なんてそんなもんだと言いながらも、「僕たちにはお話をしてくれる母親が必要だ」なんて言って、ウェンディに母親としての役割を求めている……。ピーターの矛盾にどこか寂しさを漂わせつつ、物語はここからクライマックスへと向かっていきます。

Peter and Wendy
Part 3

9.
On the Jolly Roger

Captain Hook's ship, called the Jolly Roger, sat in the dark. The children were all tied up in a room. Hook walked around, deep in thought.

Hook knew he should be happy. It was a good day for him: He won the war with the Indians. He killed Peter Pan. He was going to kill the lost boys. These were all things Hook wanted. But still he felt sad. Why was this?

A small voice in his heart said, "There are no little children to love me!" This thought made him very sad. But it was so strange. Hook never cared about children before. He never wanted their love. But now, for some reason, it made him sad.

He decided to do something about it.

"Bring out the children!" he told the pirates.

The children were brought out. They lined up in front of Captain Hook.

■care about 〜を気にかける　■bring out つれ出す　■line up ならぶ

9.
ジョリー・ロジャー号で

　フック船長の船の名前はジョリー・ロジャー号といい、やみの中にただよっていました。子どもたちはひとつ部屋でみんなしばられていました。フック船長は歩きまわって、思いをめぐらしていました。

　船長は、どう考えてみても幸せなはずです。すばらしい一日でした。なんといっても先住民たちとの戦いに勝ちました。ピーター・パンを殺しました。ロスト・ボーイたちだってこれから殺すつもりです。すべて自分がのぞんでいたことでした。でもまだなんだか悲しい気がするのです。なぜなのでしょう？

　フック船長の心の小さな声がいいました。「おれを愛してくれる子どもなんていやしない！」こんな考えがフック船長をひどく悲しませているのでした。でも、とてもおかしなことです。フック船長は、まえは、子どものことを気にかけたことなんてこれっぽっちもなかったのです。子どもたちの愛をのぞんだこともありませんでした。でもいまは、どういうわけか、悲しいのです。

　何かした方がいいと、フック船長は心にきめました。

　「子どもたちをつれてこい！」フック船長は海賊たちに命令しました。

　子どもたちがつれてこられました。フック船長の目の前にならんでいます。

"Now then," Hook said, "six of you will die tonight. But I need two new pirates. Who will join me?"

Tootles stepped forward. "Sir, I don't think my mother would like me to be a pirate," he said. Then Slightly stepped forward.

"I don't think my mother would like me to be a pirate either," Slightly said. Then one of the Twins stepped forward.

"I don't think my mother would like me to be a pirate either."

"Quiet!" yelled Hook. He looked at John. "You look like a strong boy. Would you like to be a pirate?"

Sometimes John dreamed about being a pirate. Now, he thought hard about it.

"Would our king still be the King of England?" John asked.

"No. You would have to say, 'Down with the King,'" Hook said.

"Then I won't be a pirate!" John said.

"Then you'll have to die!" Hook yelled. Then he turned to Wendy.

"So, my pretty one. You will watch your children die," Hook said. "What are your last words to your boys?"

■step forward まえに進み出る　■would like ~ to ~に…してほしい　■yell 動どなる　■down with ~をたおす

「それでは」フック船長はいいました。「おまえたちのうち六人が今夜死ぬ。だが新しい海賊がふたりいるんだ。なりたいものはいるかな？」

　トートルスがまえに出ました。「船長、ぼくのお母さんはぼくには海賊になってほしくないと思うんです」それからスライトリーがまえに出ました。

　「ぼくのお母さんも、ぼくには海賊になってほしくないと思うんです」スライトリーがいいました。すると双子のツインズのひとりもまえに出ました。
　「ぼくのお母さんも、ぼくには海賊になってほしくないと思うんです」
　「しずかにしろ！」フック船長はどなりました。そしてジョンを見ました。「おまえはつよい男の子のようだな。おまえは海賊になりたいかね？」
　ときどき、ジョンは海賊になることを夢みていました。いま、ジョンはいっしょうけんめい考えています。
　「ぼくたちの王さまは、イングランドの王さまのままでいられますか？」ジョンはたずねました。
　「いいや。『王さまをたおせ』といわなくてはならんな」フック船長はいいました。
　「それなら、ぼくは海賊にはなりません！」ジョンはいいました。
　「それでは、おまえも死ぬんだ！」フック船長はどなりました。そしてウェンディの方へ向きました。
　「それでは、わしのかわい子ちゃん。自分の子どもたちが死ぬのを見てるんだよ」フック船長はいいました。「やつらへのさいごの言葉は何かな？」

Wendy stood tall and proud. "These are my last words, dear boys," she said. "I feel that I have a message to you from your real mothers. It is this: 'We hope our sons will die like English gentlemen.'"

Even the pirates thought these were great last words.

"Tie her up!" Hook shouted. He was angry and ready to kill the boys once and for all. Hook smiled as he watched the boys' faces. They all looked terribly afraid. Then he heard a strange sound.

Tick tick tick tick.

It was the tick-tick of the crocodile.

They all heard it — the pirates, the boys, and Wendy. Everybody looked at Hook. They all knew the crocodile wanted to eat the captain only. Hook stopped moving. He turned white. Then he fell down on the ground.

The sound came nearer and nearer. Everyone thought, "The crocodile is about to climb onto the ship!" Still, Hook would not move. He was too afraid.

"Hide me!" he cried.

The pirates stood round Hook to hide him. The lost boys all looked over the side of the ship. But what they saw shocked them. It was not the crocodile come to eat Captain Hook. It was Peter!

■stand tall 堂々と立つ ■dear 形 かわいい、いとしい ■once and for all これをさいごに、きっぱりと ■turn white 血の気が引く ■fall down たおれる ■look over 〜越しに見る

ウェンディはすっくと、ほこらしく立ちました。「おわかれの言葉ですよ、かわいい子どもたち」

　「あなたたちのほんとうのお母さんたちからの伝言があります。『イギリス紳士のように死にのぞむように』」

　海賊たちでさえ、このおわかれの言葉に心をうたれていました。

　「彼女をしばりつけろ！」フック船長はどなりました。フック船長はおこっていて、これをさいごに子どもたち全員を殺そうとしていました。フック船長は、子どもたちの顔を見ながら笑顔になりました。全員がひどくこわがっているようです。するとフック船長はきみょうな音を耳にしました。

　カチ、カチ、カチ、カチ。

　あのワニのカチカチいう音です。

　全員がききました。海賊たち、子どもたち、そしてウェンディも。みんながフック船長に目を向けました。ワニがフック船長だけを食べたがっているのをみんなが知っているのです。フック船長は動くのをやめました。顔から血の気がうせていきます。そして床にたおれてしまいました。

　カチカチいう音は少しずつ近づいてきます。みんなは「ワニが船に乗り込んでくるぞ！」と思いました。それでも、フック船長は動きません。あまりにもこわくて動けなかったのです。

　「わしをかくしてくれ！」とフック船長はさけびました。

　海賊たちはフック船長をかくすため、まわりに立ちました。ロスト・ボーイたちはみんな船のへりから水面を見ました。でも、目にしたものにびっくりしてしまいました。それはフック船長を食べにきたワニではなかったのです。ピーターだったのです！

10.
The Final Fight

Peter smiled up at the boys. Then he climbed over the side of the ship. Only the boys saw him. Peter stopped ticking and hid in a room on the ship. The pirates thought the crocodile went away.

"It's gone, captain," Smee said.

Slowly, Hook sat up. He listened carefully for a long time. When he didn't hear anything, he stood up. He was angry that the lost boys saw him while he was weak. He wanted to be even meaner to them. He told Bill Jukes, a pirate, to bring him something to hit the boys with.

Bill Jukes went into the room where Peter was hiding. There was a terrible cry. Then there was no sound.

"What was that?" cried Hook.

The pirate Cecco went into the room to look.

"Bill is dead!" Cecco said when he came out.

■smile up at ～にほほえみかける　■climb over ～を乗りこえる　■tick 動カチカチと音をたてる

10.
さいごの戦い

　ピーターは少年たちにほほえみました。それから船のへりをよじのぼりました。子どもたちだけがピーターを見ました。ピーターはカチカチやるのをやめて、船の一室にかくれました。海賊たちはワニがいってしまったと思いました。
「いってしまったようです、船長」スミーがいいました。
　ゆっくりと、フック船長は起き上がりました。長いあいだ用心ぶかく耳をすましていました。そして何もきこえなかったので立ち上がりました。フック船長は、自分がいくじなしだったところをロスト・ボーイたちに見られてカンカンになっていました。もっといじめてやろうと思いました。ビル・ジュークスという海賊に子どもたちをたたく道具をもってくるよう命じました。
　ビル・ジュークスはピーターがかくれている部屋へいきました。ぞっとするような叫び声がきこえてきました。それからまったくなんの音もきこえてきません。
「何だ、いまのは？」フック船長が大声でいいました。
　海賊のチェッコが部屋の中へしらべにいきました。
「ビルが死んでるぞ！」チェッコが出てきていいました。

The lost boys got very excited. Hook saw this and had an idea.

"Make those boys go into the room and fight the thing that killed Bill," Hook said. One by one, the pirates pushed the boys into the room. They shut and locked the door. Then the pirates and their captain listened carefully.

Inside the room, Peter untied the boys. The boys all got ready to fight. Peter went outside to where Wendy was tied up alone. He untied her. Then he took her place and hid himself under a cloth. Peter told Wendy and all the boys to hide. When everyone was hidden, Peter cried out:

"Cock-a-doodle-doo!"

The pirates jumped. Did the thing in the room kill the boys? Or did the boys kill the thing in the room? They were all afraid of whatever was in the room.

"It's bad luck," Captain Hook said. "It's bad luck to have a girl on the ship. We must kill the girl. Then maybe the thing in the room will go away."

"Get the girl!" the pirates cried.

Suddenly Peter threw off the cloth and jumped up.

■shut 動 (戸を) 閉める　■take one's place (人の) 代わりをする　■cock-a-doodle-doo 名 コケッコッコー (という鳴き声)　■throw off サッとはぎとる

ロスト・ボーイたちはひどくよろこんでいます。フック船長はこれを見て、ある考えが浮かびました。
　「子どもたちを部屋に入れて、ビルを殺したやつと戦わせろ」フック船長はいいました。ひとりずつ、海賊たちは部屋の中へ子どもたちを押し込みました。ドアをしめ、かぎをかけました。それから海賊たちとフック船長は注意して耳をすませました。
　部屋の中では、ピーターが子どもたちのなわをほどいています。子どもたちは、みんな戦うじゅんびをととのえていました。ピーターは部屋の外へ出て、ウェンディがひとりでしばられているところへいきました。そしてなわをほどきました。それからウェンディの身代わりになり、自分は一枚の布地の下にかくれました。ピーターはウェンディと子どもたち全員にかくれているようにいいました。みんながかくれると、ピーターは大声を出しました。
　「コケコッコー！」
　海賊たちは飛びあがりました。あいつが、あの部屋にいて子どもたちを殺したんだろうか？　それとも子どもたちがあいつを殺したんだろうか？　海賊たちは部屋の中にいる何かがこわくてたまりませんでした。
　「運がわるいな」フック船長はいいました。「船に女の子をのせているのがよくないんだ。あの子を殺さなくちゃいかん。そうすれば部屋にいるあいつもどこかへいっちまうだろう」
　「女の子をつれてこよう！」海賊たちは大声でいいました。
　すぐさまピーターは布をはぎとって跳び上がりました。

ピーター・パンとウェンディ　89

"It's Peter Pan!" cried Hook. The pirates were all shocked. Then they all knew Peter was the thing in the room.

"Lost boys, get those pirates!" Peter said.

It was a big fight. The pirates fell easily because they were so surprised. Finally, the only pirate left was Captain Hook. Peter and Hook looked at each other for a long time. The boys watched them. Everyone was quiet.

Then, the two began to fight. Peter and Hook fought long and hard. But Peter finally made Hook drop his sword.

Hook thought Peter was going to kill him. But Peter told him to pick up his sword. Hook picked up his sword and began to fight again. But it was too late. Peter was winning. Hook was too tired to keep going. But he didn't want to lose to Peter Pan. He decided to jump off the ship instead.

With a great jump, Captain Hook threw himself off the ship. Down in the water, the crocodile waited for him. That was the end of Captain Hook's life. Peter won! All the boys cheered. What a fight! Peter was a hero! The terrible Captain Hook was gone forever!

■drop 動落とす ■pick up ひろう ■keep going やりつづける ■jump off 飛びおりる ■throw oneself off 身をなげる

「ピーター・パンだ！」フック船長はさけびました。海賊たちはぼうぜんとしています。そしてピーターが、あの部屋にいたあいつだったことに気づきました。

「ロスト・ボーイたち、海賊たちをやっつけろ！」ピーターはいいました。

大変な戦いです。海賊たちは、腰をぬかすほどびっくりしていたので、かんたんにたおされてしまいました。ついにのこされたのはフック船長だけになりました。ピーターとフック船長はたがいに長いあいだ、にらみあっています。子どもたちが見まもっています。みんなしずかにだまっていました。

そして、ふたりが戦いだしました。ピーターとフック船長は長い時間、必死になって戦いました。でもピーターがついにフック船長の剣を落としました。

船長はピーターが自分を殺すだろうと思いました。でもピーターは剣をひろえと、フック船長にいいました。そして剣をひろうとまた、戦いはじめました。でももうおそかったのです。ピーターが勝っていました。フック船長はもう、戦いつづける力がのこっていませんでした。それでもフック船長はピーター・パンには負けたくはありません。負けるかわりに船から飛びおりることにしました。

大きく飛びあがると、フック船長は船から身をなげました。水の中ではあのワニがまっています。フック船長はこうして最期をとげたのでした。ピーターが勝ったのです！　子どもたちはうれしくてみんな声をはりあげました。大変な戦いでした！　ピーターは英雄です。恐ろしいフック船長は永久にいなくなったのでした。

11.
The Return Home

Now the children were the owners of the pirate ship, the Jolly Roger. They all wore the pirates' old clothes. Peter became captain of the ship. They all worked to get the ship ready to take Wendy, John, and Michael home. The lost boys were to go with them. When everything was ready, they left the island. Some of them did not know they would never, ever come back to Neverland.

Wendy, John, and Michael were gone from their house for a long time. Mr. and Mrs. Darling were now very sad people. They never stopped thinking of their children.

One night, Mrs. Darling was in the children's old room, waiting for Mr. Darling to come home from work. She sat in her chair by the fire. She used to be a beautiful woman, but the happiness in her face was gone. She fell asleep by the fire. She thought she heard somebody say her children were coming home. This woke her up.

■take ~ home ～を家まで送る　■never, ever 何があっても、まさか絶対に　■think of ～のことを思いやる　■fire 名 (暖炉の) 火

11.
お家に帰る

　いまでは子どもたちが海賊船、ジョリー・ロジャー号をあやつっています。みんな海賊の服を着ています。ピーターは船長になりました。みんながウェンディとジョンとマイケルをお家へつれて帰るため、船をじゅんびしました。ロスト・ボーイたちも三人といっしょにいくのです。出発のじゅんびができたので全員が島を出ました。何人かは、まさか自分たちがネバーランドへもどってこなくなるなんて、夢にも思っていませんでした。

　ウェンディとジョンとマイケルはとても長いあいだ、お家からはなれていました。お父さんとお母さんのダーリング夫妻はいまではとても不幸せなひとたちになっていました。三人の子どもたちのことが頭からはなれたことがなかったのです。

　ある晩、ダーリング夫人は子ども部屋にいて、ダーリング氏が仕事から帰ってくるのをまっていました。そして火のそばにこしかけていました。ダーリング夫人はとても美しい人だったのに、その顔からは、よろこびがきえていました。ダーリング夫人は、いつのまにか火のそばで眠ってしまいました。だれかが、子どもたちがお家に帰ってくるよ、といっているように思いました。それで目を覚ましたのです。

She looked around the room, but the children were still gone. "Oh, Nana, I had a dream that my dear ones came back," she cried.

Mr. Darling came home, tired from work. He came into the children's room where Mrs. Darling was.

"Will you play the piano to put me to sleep?" Mr. Darling asked. Mrs. Darling walked to the piano in the next room. Then he said, "And shut the window. I feel a cold wind coming in."

"Oh, George!" Mrs. Darling cried. "Never ask me to do that. The window must always be left open for them, always, always."

Mr. Darling felt very bad and said he was sorry. As Mrs. Darling played the piano, Mr. Darling went to sleep. That was when Peter Pan and Tinker Bell flew into the children's room.

"Quick Tink," Peter said, "close the window! Now we will go out by the door. When Wendy comes to the window, she will think her mother locked her out. Then she will have to go back with me."

■my dear ones かわいい子どもたち　■put ~ to sleep 〜を眠らせる　■feel bad 後悔する　■lock ~ out 〜をしめだす

部屋をみわたしてみましたが、子どもたちのすがたはまだありません。「ねえ、ナナ。わたし、あの子たちが帰ってくる夢を見たのね」ダーリング夫人は泣きました。
　ダーリング氏が、つかれて仕事から帰ってきました。ダーリング夫人のいる子ども部屋に入ってきました。
　「眠るからピアノをひいてくれないか？」ダーリング氏はたのみました。ダーリング夫人はとなりの部屋にピアノをひきにいきました。それからダーリング氏はいいました。「窓をしめておくれ。つめたい風が入ってくるから」

　「そんな、ジョージ！」ダーリング夫人は泣きました。「二度とそんなこといわないで。窓は、子どもたちのためにいつでもあけていなくては。いつでも、いつでも」
　ダーリング氏は心がいたみ、すまなかったといいました。そしてダーリング夫人のピアノをききながら、眠ってしまいました。そのとき、ピーター・パンとティンカー・ベルが子ども部屋へ入ってきました。

　「いそげ、ティンク」ピーターはいいました。「窓をしめて！　こんどは、ドアから出ていくぞ。ウェンディが窓のところへきたら、お母さんにしめだされたと思うだろう。そうしたらぼくといっしょに島へもどらなくちゃならないんだ」

Peter danced around the room with happiness. Then he looked into the next room to see who was playing the piano.

"It's Wendy's mother! She is a pretty lady, but not so pretty as my mother," he told Tink. He turned to leave, but the piano stopped.

He looked in again to see why the music stopped. He saw Mrs. Darling with her head on the piano, crying.

"She wants me to open the window," thought Peter, "but I won't!"

He looked again. Mrs. Darling was crying harder.

Peter felt terrible. He knew Mrs. Darling wanted Wendy back. But he wanted her too. It made him unhappy to make Wendy's mother sad. He tried dancing to make himself laugh. It didn't work. So Peter finally gave up.

"Oh, all right," he said. Then he opened the window. "Come on, Tink," he cried, "we don't want any mothers." With that, he flew away.

When Wendy and John and Michael flew to their window, they found it open. They landed on the floor, feeling a little bad for staying away for so long. Michael didn't remember his home at all.

■work 動 効果がある、うまくいく　■fly away 飛びさる　■land 動 着地する　■not ~ at all まったく~ない

ピーターはうれしくて部屋の中を踊りまわりました。そしてとなりの部屋でだれがピアノをひいているのか、のぞいて見ました。
　「ウェンディのお母さんだ！　きれいな人だけど、ぼくのお母さんほどじゃないな」ピーターはティンクにいいました。ピーターは帰ろうとして背を向けましたが、ピアノの音がやみました。
　ピーターはどうしてピアノがとまってしまったのか、もう一度のぞいてみました。ダーリング夫人が頭をピアノにのせて泣いていました。
　「窓をあけておいてほしいんだ」ピーターは思いました。「でも、あけるもんか！」
　ピーターはもう一度ダーリング夫人を見ました。ダーリング夫人はさらにはげしく泣いています。
　ピーターはたえられなくなりました。ダーリング夫人がウェンディに帰ってきてほしいのがわかっているのです。でもピーターだって、ウェンディが必要なのです。ウェンディのお母さんを悲しませると自分も悲しくなりました。ピーターはダンスをしてゆかいになろうと思ったのですが、だめでした。とうとうピーターはあきらめました。
　「もう、だいじょうぶ」ピーターはいいました。そして窓をあけました。「いこう、ティンク」ピーターはさけびました。「ぼくたちはお母さんなんていらないんだ」こうしてピーターは飛びさりました。
　ウェンディとジョンとマイケルが窓のところへ飛んでやってきたとき、窓があいているのに気がつきました。子ども部屋の床に降りて、こんなにも長いあいだいなくなっていたことに心がいたみました。マイケルは自分のお家をまったくおぼえていません。

"John," he said, "Have I been here before?"

"Yes, there is your old bed."

"Oh yes," Michael said, but he didn't sound very sure.

Then they heard someone playing the piano.

"It's Mother!" cried Wendy, looking into the next room.

"It is!" said John.

"Then are you not really our mother, Wendy?" asked Michael. He had forgotten who his real mother was.

"Oh dear!" said Wendy, feeling bad. "We went away for too long." She told everyone to get into bed.

"When Mother comes in, it will be just like we never went away," she explained.

So when Mrs. Darling went into the children's room to see if her husband was sleeping, she saw all her children in their beds. The children waited for her happy cry, but it did not come. Mrs. Darling saw them, but she did not believe they were real. You see, she saw them in their beds so often in her dreams. She thought this was just another dream.

She sat down in the chair by the fire. The children could not understand this.

■sound sure 確信する　■feel bad かわいそうに思う　■see if 〜かどうかたしかめる　■you see なぜってわかるでしょう、ほらね

「ジョン」マイケルはいいました。「ぼくたちここにいたんだっけ？」

「ああ。マイケルのベッドがあるじゃないか」

「あ、ほんとだ」マイケルはそういいましたが、なかなか信じられません。

それからだれかがピアノをひいているのがきこえてきました。

「お母さんだ！」ウェンディは大声でいいながら、となりの部屋をのぞいて見ました。

「お母さんだ！」ジョンがいいました。

「それじゃあ、ウェンディはぼくのほんとうのお母さんじゃなかったの、ウェンディ？」マイケルがたずねました。ほんとうのお母さんがだれなのか、わすれていたのです。

「まあ、なんてこと」ウェンディはかわいそうに思いました。「長くはなれすぎていたわね」そういうと、みんなをベッドに寝かせました。

「お母さんが入ってきたら、ずっとここにいたようにしていましょう」ウェンディはいいました。

ダーリング氏が眠っているかどうか、たしかめにダーリング夫人が子ども部屋へ入ってきたとき、夫人は子どもたちがみんなベッドに入っているのが見えました。子どもたちはお母さんがうれしくて泣きだすのをまっていたのですが、何もおきません。ダーリング夫人は、子どもたちがいるのを見ましたが、ほんとうのことだとは信じられなかったのです。なぜって、夢の中ではいつも子どもたちはベッドにいたのです。これもたんなる夢だろうと思ったのでした。

ダーリング夫人は火のそばにこしかけました。子どもたちにはそんなことはわかりません。

"Mother!" Wendy cried.

"That's Wendy," she said, but she still thought it was a dream.

"Mother!"

"That's John," she said.

"Mother!" cried Michael. He remembered her now.

"That's Michael," she said. She put out her arms to hold the children like she always did in her dreams. But this time, the children were real. They jumped out of bed and ran to her.

"George, George!" she cried when she could speak. Mr. Darling woke. Nana came running in. There never was a happier sight. But no one saw it except a little boy looking in through the window. Peter Pan had many kinds of happiness that many children couldn't have. He could fly, he knew fairies, he could fight pirates. But through the window, he watched the only happiness he would never have.

■put out one's arms to 両手を〜にさしだす　■sight 名ながめ

「お母さん!」ウェンディがさけびました。
「ウェンディね」ダーリング夫人はいいましたが、まだこれは夢だと思っていました。
「お母さん!」
「ジョンね」ダーリング夫人はいいました。
「お母さん!」マイケルがさけびました。マイケルはいまではお母さんを思いだしています。
「マイケルね」ダーリング夫人はいいました。いつも夢の中で子どもたちを腕の中にだいていたように、ダーリング夫人は自分の腕をさしだしました。でもこんどは、子どもたちは、夢ではなかったのです。子どもたちはベッドから飛び出すとお母さんにかけよりました。
「ジョージ、ジョージ!」お母さんは口がきけるようになり、さけびました。ダーリング氏が目を覚ましました。ナナも走ってきました。こんなにうれしいことはありません。だれもこのようすを見る人はいなかったのですが、たったひとり、窓から見ている少年がいました。ピーター・パンは、大勢の子どもたちが手にすることのできなかったいろんな幸せを手にしていました。飛ぶこともできたし、妖精も知っているし、海賊とも戦ったのです。でも、窓からピーターが見ていたのは、自分にはありえない、ここだけにある幸福なのでした。

12.
Wendy Grows Up

What happened to the lost boys during all this? They were waiting outside for Wendy to tell her parents about them. They counted to five hundred, then they went up the stairs. They stood in a row in front of Mrs. Darling. They said nothing, but they hoped she would have them.

Mrs. Darling said at once that she would have them. Mr. Darling said he would be glad to have them too. It was a small house, and there were six lost boys. But Mr. Darling said he would find space for them all.

They all went dancing through the house. They looked for corners and places where the boys could sleep. Finally they found space for each of the six boys. They were all very happy.

But what about Peter? He saw Wendy once again before he flew away. He was at the window.

■stand in a row 列になって立つ　■at once すぐに

12.
ウェンディが大きくなる

　さてこうしているとき、ロスト・ボーイたちはどうしていたでしょう？　ロスト・ボーイたちは、ウェンディがお父さんとお母さんに自分たちのことを話してくれるのを外でまっていたのです。そして五百までかぞえると、階段を上りました。ダーリング夫人の目のまえに一列にならびました。何もいわず、子どもたちはダーリング夫人が受けいれてくれるのを願っていました。

　ダーリング夫人はすぐに、子どもたちを受けいれましょうといいました。ダーリング氏も、よろこんで子どもたちを受けいれようといいました。ここは小さな家で、ロスト・ボーイたちは六人です。でもお父さんのダーリング氏はみんなの居所(いどころ)になるスペースをみつけるぞ、といいました。

　子どもたちは家の中を踊りまわりました。自分たちが寝られる部屋のすみっこやくぼみをさがしました。ついに六人それぞれの場所がみつかりました。みんなとても幸せです。

　でもピーターは？　ピーターはウェンディをひとめ見て飛びさってしまいました。ピーターは窓のところにいたのです。

"Goodbye, Wendy," he said.

"Oh dear, are you going away?"

"Yes."

Mrs. Darling came to the window too. She told Peter that she took in all the lost boys to live with them. She said she would like Peter to live with them too.

"Would you send me to school?" he asked.

"Yes."

"And then to an office?"

"Maybe."

"Soon I would be a man?"

"Very soon."

"I don't want to go to school and learn," Peter told her. "I don't want to be a man! No one is going to catch me and make me a man."

"But where are you going to live?"

"With Tink in the house we built for Wendy. The fairies are going to put it high up in a tree where the fairies sleep."

"How wonderful!" cried Wendy. She wanted to go too, but Mrs. Darling held onto her daughter.

"I shall have such fun," said Peter, looking at Wendy. "Come with me to the little house."

■take in 受けいれる、引き取る　■would like ~ to ~に…してもらいたい　■put ~ high up ~をたかく上げる　■hold onto ~を手ばなさない

「さよなら、ウェンディ」ピーターはいいました。

「まあ、そんな。いってしまうの?」

「うん」

ダーリング夫人も窓辺にやってきました。ピーターに、ロスト・ボーイたち全員を受けいれ、いっしょに暮らすようにしたといいました。そしてピーターにも、ここにいっしょに暮らしてほしいといいました。

「ぼくを学校にやるのかい?」ピーターはたずねました。

「ええ」

「そしてそれから会社へも?」

「おそらくね」

「ぼくはすぐに大人になる?」

「あっというまにね」

「学校へいって勉強するなんていやだ」ピーターはダーリング夫人にいいました。「大人になんかなりたくない! だれもぼくをつかまえられないし、大人になんかできやしない」

「でもどこに住むつもり?」

「ウェンディのために作った家で、ティンクといっしょに暮らすさ。妖精たちが、自分たちが眠る木のたかいところにもっていくんだから」

「なんてすてき!」ウェンディが大きな声でいいました。ウェンディもいきたかったのですが、ダーリング夫人がウェンディをはなしません。

「とっても楽しいんだ」ピーターはウェンディを見ていいました。「あの小さな家にぼくといっしょにいこうよ」

"May I, mummy?"

"No," Mrs. Darling said. "You are home again and I want to keep you."

"But Peter needs a mother," Wendy said.

"So do you, my love," Mrs. Darling said.

But Mrs. Darling saw Peter was sad, so she said, "What if Wendy goes to visit you for a week every year at spring-cleaning time?" This made Peter quite happy again. But Wendy knew Peter sometimes forgot things.

"You won't forget me, Peter, will you, before spring-cleaning time comes?" Wendy said.

Peter promised, and then he flew away.

Life at the house continued on. All the boys went to school. Little by little, they forgot how to fly. At first they said they just needed practice. But the truth was they didn't believe anymore.

Michael believed longer than the other boys. So he was with Wendy when Peter came the first spring. She flew away with Peter in the dress she made out of leaves in Neverland. She hoped Peter wouldn't see how short it was on her now. He did not.

■what if もし〜だったらどうか　■spring-cleaning time 春の大そうじ期間
■continue on つづいていく　■little by little 少しずつ

「いってもいい、ママ?」

「だめよ」ダーリング夫人はいいました。「こうしてお家に帰ってきたんだから、ここにいてほしいわ」

「でもピーターにはお母さんが必要なのよ」ウェンディがいいました。

「あなたもよ、ウェンディ」と、ダーリング夫人はいいました。

でもダーリング夫人はピーターが悲しんでいるのを見て、いいました「ウェンディが毎年、春の大そうじのときに一週間だけあなたに会いにいくというのはどう?」ピーターはとてもよろこびました。でもウェンディは、ピーターがときどきわすれっぽくなるのを知っています。

「わたしをわすれないでね、ピーター。春の大そうじのときがくるまえにきてね」

ピーターはやくそくして飛びさっていきました。

お家での暮らしはつづいていきます。子どもたちはみな学校へいきました。少しずつ、飛ぶことをわすれていきました。はじめは練習がいるんだといっていました。でもほんとうは飛べることを、もう信じなくなっていたのです。

マイケルが、いちばん長く飛ぶことを信じていました。だからピーターがはじめての春にやってきたとき、マイケルはウェンディといっしょにいました。ウェンディは、ネバーランドの葉っぱで作った服を着てピーターといっしょに飛んでいきました。ウェンディは、いまではこの服がすっかり短くなっていたのですが、ピーターが気がつかなければいいなと思いました。ピーターは気がつきませんでした。

She wanted to talk to Peter about old times. But Peter didn't remember many things.

"Who is Captain Hook?" he asked. Wendy was shocked.

"Don't you remember how you killed him and saved all our lives?"

"I forget them after I kill them," he said.

But Peter was still just as fun as ever. They had a lovely time in the little house on the tree tops.

Next year Peter did not come for her. She waited in a new dress because the old one was too small. But he never came.

"Maybe he is sick," Michael said.

"You know he is never sick," she said.

Michael came close to her and said, "Maybe there is no such person, Wendy!" Michael was crying. Wendy could have cried too.

Peter came next spring. But that was the last time the girl Wendy ever saw him. For a little while she tried not to grow up. But the years came and went and Peter still did not come. When Peter finally came again, Wendy was a married woman.

By this time all the boys were grown up too. Many of them worked in an office.

■as ever あいかわらず　■top 名 最上部、てっぺん　■come for 〜を迎えにくる
■for a little while ほんの少しの時間

ウェンディはピーターにむかしのことを話したがりました。でも、ピーターはあまりおぼえていません。
　「フック船長ってだれ？」ピーターはたずねました。ウェンディはびっくりしました。
　「フック船長をどんなふうにやっつけて、わたしたちの命をすくってくれたか、おぼえてないの？」
　「やっつけたあとは、わすれちゃうんだ」ピーターはこたえました。
　でもピーターはあいかわらず無邪気なのでした。ふたりは楽しい時間を木の上にある小さな家ですごしました。
　次の年、ピーターはきませんでした。古い服が小さすぎたのでウェンディは新しい服を着てまっていました。でもピーターはきませんでした。
　「きっと病気なんだ」マイケルがいいました。
　「ピーターが病気しないのを知ってるでしょ」ウェンディがいいました。
　マイケルが近くにきていいました。「きっとそんな人、いなかったんだよ。ウェンディ！」マイケルは泣いていました。ウェンディも泣きそうでした。
　ピーターは次の春にやってきました。でも、これが小さな少女ウェンディがピーターを見たさいごになりました。ほんの少しのあいだ、ウェンディは大きくなるまいとがんばってみました。でも、年がすぎてゆき、ピーターがやってくることはありませんでした。ピーターがとうとうやってきたとき、ウェンディは結婚していました。
　ほかの子どもたちはみんな、もう大人になっていました。ほとんどが会社ではたらいています。

Wendy had a daughter. She was called Jane. She always asked questions. She loved to ask questions about Peter Pan. Wendy told her all she could remember.

Jane lived in the same room that Wendy, John, and Michael lived in when they were children. It was the same room where Peter first came to the window. It was Jane's window now.

One night, Jane wanted to hear the story of Peter Pan again. Wendy told her how Peter came to the window. She told of how they all flew to Neverland.

"The dear old days when I could fly!" Wendy said.

"Why can't you fly now, mother?"

"Because I am a grown-up, dearest. When people grow up they forget the way," Wendy said.

Then one night, a sad thing happened. It was spring-cleaning time. Wendy told Jane a bed-time story and Jane went to sleep. Wendy sat on the floor, close to the fire. The room was dark. Then the window opened, and Peter flew in.

He was exactly the same as ever. Wendy saw at once that he still had all his first teeth. He was a little boy, and she was grown-up.

■love to 〜することが大すきである ■tell of 〜について話す ■dearest 图いとしい子 ■way 图やりかた

ウェンディには女の子がいました。名前はジェーンです。ジェーンはいつも質問をするのです。ピーター・パンについてたずねるのが大すきでした。ウェンディはおぼえているかぎりのことをはなしてやりました。

　ジェーンは、ウェンディとジョンとマイケルが幼いときに暮らしていた部屋にいます。そこはピーターがはじめて窓から入ってきた部屋でした。いまではそこはジェーンの窓です。

　ある晩、ジェーンはまたピーター・パンの話をききたがりました。ウェンディはどんなふうにしてピーターが窓のところへやってきたか、話してやりました。どんなふうにしてネバーランドへ飛んでいったかも話しました。

　「なつかしいわね、あのころわたしは空を飛んでいた！」ウェンディはいいました。

　「なぜいまは飛べないの？お母さん」

　「大人になったからよ。ジェーン。大人になると、やりかたをわすれるのよ」ウェンディはいいました。

　そしてある晩、悲しいことがおこりました。春の大そうじのころでした。ウェンディはジェーンにおやすみまえのお話をしてやり、ジェーンは眠りにつきました。ウェンディは、火の近くによって、床にすわりこみました。部屋がうすぐらくなっています。すると窓があき、ピーターが飛びこんできました。

　むかしとまったくおなじ、そのままのピーターです。ウェンディはすぐにピーターの歯がまだ生えかわっていないのに気がつきました。ピーターは少年のままで、ウェンディは大人になっています。

ピーター・パンとウェンディ

"Hello, Wendy," he said. In the dark, Peter did not see how big she was.

"Hello, Peter," she said. She tried to make herself look small.

"Where is John?" he asked.

"John is not here now," she said.

"Is Michael asleep?" he asked, looking at Jane.

"That is not Michael," she said.

"Is it a new one?" Peter asked.

"Yes."

"Boy or girl?"

"Girl."

But Peter still did not understand.

"Peter," she said, "did you come here to take me away with you?"

"Yes. Did you forget that this is spring-cleaning time?"

Wendy did not tell Peter that he forgot many, many spring-cleaning times.

"I can't come," she said. "I forgot how to fly."

"I'll teach you again."

■take ~ away ～を連れていく　■come 動 くる、(目的地にむかって)いく

「やあ、ウェンディ」ピーターはいいました。くらがりの中で、ピーターはウェンディがどれだけ大きくなってしまったかわからないでいました。

「こんにちは、ピーター」ウェンディはいいました。なるべく小さくみせようとしました。

「ジョンはどこ？」ピーターがききました。

「ジョンは、いまここにはいないのよ」ウェンディがこたえました。

「マイケルは眠ってるの？」ピーターはジェーンを見ながらききました。

「マイケルじゃないのよ」ウェンディはいいました。

「新しい子？」ピーターがききました。

「そうよ」

「男の子？　女の子？」

「女の子よ」

でもピーターはまだわかっていません。

「ピーター」ウェンディはいいました。「わたしを連れていくためにやってきたの？」

「そうだよ。いまが春の大そうじの時期だってわすれちゃったの？」

ウェンディはピーターが何年も、春の大そうじの時期をわすれていたことをいいませんでした。

「わたし、いけないのよ」ウェンディはいいました。「飛び方をわすれてしまったの」

「また教えてあげるよ」

"Oh Peter, don't waste the fairy dust on me," she said. She stood up and turned on the light. Now Peter saw how big she was. He gave a cry of pain.

"I am old, Peter. I grew up long ago."

"You promised not to!" Peter said.

"I couldn't help it. I am a married woman, Peter."

"No, you're not."

"Yes, and the little girl in the bed is my baby."

Peter sat down on the floor and cried. Wendy did not know what to do. She ran out of the room to think. Peter's crying woke Jane. She sat up in bed.

"Boy," she said, "why are you crying?"

Peter remembered his manners. He rose and bowed to her. She bowed to him from the bed.

"Hello," he said.

"Hello," said Jane.

"My name is Peter Pan," he told her.

"Yes, I know."

"I came back for my mother," he explained, "to take her to Neverland."

■turn on （明かりなどを）つける　■cry of pain 苦痛の叫び声　■can't help it どうしようもない　■remember one's manners 行儀作法を思いだす

「ねえピーター、妖精の塵の金粉をわたしのためにむだにすることはないのよ」ウェンディはいいました。彼女は立ち上がると、明かりをつけました。いま、ピーターはウェンディがどんなに大きいか気がつきました。そして悲しく、痛ましい叫び声をあげました。

「わたし大きくなったの、ピーター。ずいぶんまえに大人になったのよ」

「大きくならないって、やくそくしたじゃないか！」ピーターがいいました。

「どうしようもなかったのよ。もう女の子じゃないの、結婚した女性なのよ、ピーター」

「いいや、結婚なんてしてないよ」

「ほんとうよ。ベッドで寝ているその小さな女の子はわたしの子」

ピーターは床にすわりこんで泣きました。ウェンディはどうしていいかわかりません。ウェンディは考えるため、部屋から走り出ました。ピーターの泣き声はジェーンをおこしてしまいました。ジェーンはベッドに起き上がりました。

「ねえ」ジェーンはいいました。「どうして泣いているの？」

ここはお行儀だぞ、とピーターはお行儀を思いだしました。立ち上がるとジェーンにおじぎをしました。彼女もベッドからおじぎをしました。

「こんにちは」と、ピーターがいいました。

「こんにちは」ジェーンがいいました。

「ぼくの名前はピーター・パン」

「わたし知ってるわ」

「ぼくのお母さんのためにもどってきたんだ」ピーターはいいました。「ネバーランドへ連れていくために」

"Yes, I know," Jane said, "I have been waiting for you."

When Wendy returned, she found Peter sitting on the bed, happy. Jane was flying around the room.

"Peter needs a mother," Jane said to Wendy.

"Yes, I know," Wendy said.

"Good-bye," said Peter to Wendy. He rose in the air. Jane rose with him. They flew to the window.

"No, no!" Wendy cried.

"It's just for spring-cleaning time," Jane said. "Peter wants me to do his cleaning for him."

Wendy let them fly away together. She stood at the window, watching them fly until they were as small as stars.

That was a long time ago. Now Jane is a grown-up. She has a daughter called Margaret. Every spring-cleaning time, except when he forgets, Peter comes for Margaret. They go together to Neverland. When Margaret grows up she will have a daughter. Then it will be her turn to be Peter's mother. This will go on always, so long as children know how to fly.

THE END

■turn 图順番 ■go on 継続する ■so long as ～するかぎりは

「知ってるわ」ジェーンがいいました。「わたしはあなたをまっていたの」

ウェンディがもどってきたとき、ピーターはベッドの上で幸せそうでした。ジェーンは部屋の中で飛びまわっています。

「ピーターにはお母さんがいなくっちゃ」ジェーンがウェンディにいいました。

「知ってるわ」ウェンディがいいました。

「さよなら」ピーターがウェンディにいいました。ピーターは宙に浮きました。ジェーンがいっしょに立ち上がりました。ふたりは窓へと飛んでいきます。

「だめ、だめ！」ウェンディはさけびました。

「いまは春の大そうじの時期よ」ジェーンはいいました。「ピーターはわたしにおそうじにきてほしいの」

ウェンディは、ふたりをいっしょに飛びたたせました。ふたりが星のように小さくなるまで、窓辺に立って見つづけていました。

このお話は、もうずっとむかしのことになりました。いまではジェーンが大人になっています。ジェーンにはマーガレットという名前の女の子がいます。毎年、春の大そうじのころになると、ピーターがわすれていないかぎり、ピーターはマーガレットに会いにやってきます。ふたりはいっしょにネバーランドへいくのです。そしてマーガレットが大きくなると、女の子ができるでしょう。こんどはその子がピーターのお母さんになる番です。こうしてずっとつづいていくのです。子どもたちが飛びかたをおぼえているかぎり。

おしまい

☾✦覚えておきたい英語表現

> The lost boys *were to go* with them. (p.92, 4行目)
> ロスト・ボーイズたちは彼らとともに行くことになっていた。

【解説】知らなければとまどってしまう表現です。be と不定詞がくっついた「be to V」で「予定・義務・可能・運命」を表します（Vは動詞）。例文で見てみましょう。

- (予定) He *is to arrive* tonight.
  彼は今夜到着する予定だ。

- (義務) You *are to take* an exam tomorrow.
  君は明日テストを受けることになってるからね。

- (可能) The girl *was* nowhere *to be found*.*
  その女の子はどこにも見当たらなかった。
  (*この例文のように「可能」の用法は受け身形不定詞で使うことが多い)

- (運命) He *was* never *to return*.
  彼は二度と戻って来なかった。

表記の文は「予定」の用法になります。意味が複数あるためとまどいやすい表現です。このような表現の場合は、持っている意味やニュアンスを大事にしつつ場面に応じた表現をいくつか当てはめながら考えてみることが大切です。

> He *tried dancing* to make himself laugh. (p.96, 13行目)
> 彼はなんとか自分を笑わせるために踊ってみた。

【解説】高校で必ず習う表現ですね。try Vingとtry to Vの違いにとまどう方も多い

のでは？　Ving と to V がそれぞれ持つニュアンスを理解すると他の表現にも応用できますので少し掘り下げて見てみましょう。

① **try Ving**：試しに V してみる（V することはできた）
② **try to V**：V しようとしてみた（成功しなかったことを暗示させる）

まず Ving ですが、これは現在分詞です。色々な場面で使われますが代表的なものが現在進行形です。"He is running." 「彼は（今）走っています」のように Ving は<u>目の前で行われている様子</u>を表します。彼は走っている最中ですから、既にその動作は行われています。Ving は「現在から過去」の時間軸を意識させる言葉なのです。よって He tried dancing. は「試しに踊ってみた」となり、踊るという行為は行われたことを意味します。

それに対して to V は未来志向の表現です。私はよく「to は"矢印"のイメージだよ！」と生徒に教えています。前置詞 to と不定詞 to（副詞的用法）を→で置き換えてみましょう。

I went to a theater to watch the movie.
僕はその映画を見るために映画館へ行った。

I went　　→ a theater　　→ watch the movie.
私行った　→映画館に　　　→映画を見る（見た）

よって He tried to dance. という表現であれば、He tried（彼は〜しようとした）→ dance（踊る）となるので「彼は踊ろうとした」という意味になります。「踊ろうとした」という表現だけでは「踊ったかどうか」はわかりません。むしろ「できなかった」ことを暗示することもありえます。

Ving は「過去志向」、to V は「未来志向」と覚えておくと次のような表現も簡単に理解できます。

Please *remember going* to the party.　　あのパーティに行ったことを忘れないで。
Please *remember to go* to the party.　　忘れずにそのパーティに行ってね。

He *stopped* smoking　　　　　　　　　彼はタバコを吸うのをやめた。
He *stopped to* smoke.　　　　　　　　　彼はタバコを吸うために立ち止まった。

Peter Pan in Kensington Gardens

1.
A Walk through Kensington Gardens

It is difficult to follow Peter Pan's stories without knowing about Kensington Gardens. They are in London, where the King of England lives. I used to take David there nearly every day.

There are many gates to enter the Gardens. The best gate is the one with the lady selling balloons outside. But she can't go into the Gardens, because if she were to let go of the gate for just one second, the balloons would make her float away.

The Gardens are a terribly big place, and there are millions of trees. Once past the gate, you are on the Broad Walk. It is a wide road that is much bigger than other roads, just like how your father is bigger than you. David says the Broad Walk began little, then grew and grew until it was quite grown up. He says the little roads are its babies.

■let go of 〜から手をはなす ■just one second ちょっとでも ■float away 浮き流れていく

1.
ケンジントン公園を
めぐり歩いて

　ピーター・パンの物語は、ケンジントン公園のことがわかってないとわかりにくいかもしれませんね。ケンジントン公園は、イングランドの王様の住むロンドンにあります。私は、ほとんど毎日そこにデイビッドを連れて行きました。

　公園にはたくさんの門があります。一番立派な門では、外側で女の人が風船を売っています。彼女が公園の内側へ入れないでいるのは、ほんの一秒でも門から手をはなすと、たちまち束ねた風船に持ち上げられて遠くに飛ばされてしまうからです。

　公園はおそろしく広いところで、何百本もの木が植えられています。門を過ぎてしまうと、大通りの「ブロード・ウォーク」が広がっています。この道は広くて、他の道よりもずいぶん大きいのです。お父さんが子どもより大きいのと同じです。デイビッドは、広い道は、はじめ小さくて、ぐんぐん大きくなって大人になったんだ、これよりも小さい道はちっちゃな赤ん坊なんだ、といっていました。

Next we come to the Hump. It is the part of the Broad Walk where all the big races are run. It is a wonderful spot that goes downhill for ever so long. It's especially fun to race down the Hump on windy days, because the fallen leaves race down the Hump with you. Nothing has a better sense of fun than a fallen leaf.

Next we come to the Baby Walk, which is so full of baby strollers that you could cross from side to side by stepping on babies. But the nurses won't let you do that. Next comes St. Govor's Well, which is where little Maimie Mannering hid one night long ago. (I'll tell you more about that later.) Then we come to the cricket fields, where the boys play cricket. But choosing teams takes so much time that very little cricket is played!

Let us hurry now to the Round Pond. It is right in the middle of the gardens. Once you come to it, you never want to go farther. You can't always be good around the Round Pond, no matter how hard you try. This is because the Round Pond makes you forget to be good. When you remember, you're already so wet that you may as well be wetter.

■hump 图小山、コブ　■race down 駆け下りる　■so ~ that あまりに~なので…
■stroller 图ベビーカー　■step on ~をふみつける　■well 图井戸　■no matter how どんなに~であろうとも　■as well 悪いことではない

次に見えるのはコブの山の「ハンプ」です。ハンプは広い道の端にあり、大事な競争はみんなここで行われます。ハンプは長々とつづく下り坂をなしているすばらしいスポットなんです。とくに風の強い日にハンプを駆け下りて競争するのは楽しいんですよ。だって駆けているとまわりで落ち葉が舞いながらいっしょに競争するんですから。こんな落ち葉ほど遊び心にあふれたものはないほどです。

　次は、道の端から端までベビーカーで埋めつくされて、わたるときは赤ん坊の上を歩くような道で赤ん坊の道、「ベビー・ウォーク」です。でも、子守りのベビーシッターさんはそんなことはさせませんよ。さらに行くと聖ガーバーの井戸、ここは小さなメイミー・マナリングがずいぶん前、ある晩に隠れていた場所です（このお話はのちほど）。それから少年たちがクリケットをするクリケット場。でもチームを選ぶのにとっても時間がかかるので、ほとんど試合をする時間はありませんでした！

　丸い形をした池「ラウンド・ポンド」へ急ぎましょう。これは公園の真ん中に位置しています。ここにやって来たら、もっと遠くへなんて行きたくなくなるでしょう。ラウンド・ポンドのまわりでは、どんなに頑張ってみても、お行儀よくいられないのです。ラウンド・ポンドにはそういう力があるんです。お行儀よくしなくちゃ、と思うころにはすでにびしょ濡れで、これ以上濡れようがどうでもよくなるんですから。

Little walks from everywhere lead to the Round Pond. One of these walks leads to where the Serpentine begins. It is a lovely lake, but only a small part of the Serpentine is in the Gardens. Once it passes under a bridge, it goes far away to an island. On this island, all the birds who are to become children are born. No human (except Peter Pan, because he is only half human) can land on the island.

But now, it is time to turn back. We must return to the gate through which we entered. Maybe we will come back to Kensington Gardens again tomorrow, if your mother will let you.

■walk 图歩道 ■turn back 引き返す、元に戻る

あらゆる小さな道はみんなラウンド・ポンドへとつながっています。そういった散歩道のひとつに「サーペンタイン池」へ通じている道があります。サーペンタイン池はかわいらしい池なんですが、池の隅っこだけが公園の中へとつづいています。橋の下をくぐると、ずっと先に島が見えるのです。この島では人間の子どもになるはずの鳥が産まれます。どんな人間であろうと（半分だけ人間のピーター・パンは別ですが）この島には上陸できません。

　では、帰る時間です。入ってきた門へ戻らなくっちゃなりません。きっと明日またケンジントン公園にこられるでしょう。もしお母さんがいいよっていったらですけれど。

2.
Peter Pan

Peter Pan's real age is one week, but he has never had a birthday. This is because he escaped from being a human when he was seven days old. He escaped by the window and flew back to Kensington Gardens.

He was not the only baby who ever wanted to escape. You did too, at one time. When David first heard this story, he was quite sure he had never tried to escape. But I told him to think hard. I told him to put his hands to his head and close his eyes tight. When he had done this and tried as hard as he could, he remembered wanting to escape. He remembered lying in bed and planning to escape as soon as his mother was asleep. His mother even caught him one time when he was halfway up the chimney.

■escape from ～から逃げる　■at one time かつては　■halfway up ～の半ばまで上がったところで　■chimney 名 煙突

2.
ピーター・パン

　ピーター・パンの本当の年齢は一週間、でも一度も誕生日を迎えたことはありません。なぜって生まれて七日目のときに人間になるのをやめたからなんです。部屋の窓から逃げ出して、ケンジントン公園に飛んで戻ってきました。

　逃げ出したかった赤ん坊は彼だけではありませんでした。あなたもでしたよ、一度は。デイビッドがこの物語をきいたとき、自分は、一度も逃げようとしたことがなかったと自信満々でした。でも、私はきちんと考えるようにいったのです。頭に両手をあてて、目をしっかりつぶるようにと。デイビッドはいわれたようにして、精一杯考えて、逃げ出したくなったことを思い出しました。ベッドに横になっていて、母親が眠ってしまったら逃げ出そうともくろんでいたのを思い出したのです。デイビッドが煙突を半分のぼったところでお母さんにつかまったことだってありました。

All children can remember such things if they press their hands hard enough to their heads and close their eyes. You see, before children became humans, they were birds. That's why they're a little wild during the first few weeks. They are also very itchy at the shoulders, where their wings used to be. That's what David tells me.

So one night Peter Pan flew out his window straight into Kensington Gardens. The first thing he did when he landed was to have a drink at the Round Pond. But he had forgotten that he was a human boy and not a bird. When he tried to put his beak into the water, he didn't get a drink but instead got water up his nose. Then he lost his balance and fell right into the water!

When a bird gets wet, he spreads his feathers to dry them. But Peter could not remember what to do. So instead, he went to a tree to sleep. When he woke up, it was not yet morning and it was very cold.

"I've never experienced such a cold night," he thought. But as everybody knows, a warm night to a bird is a cold night to a boy.

■itchy 形 むずむずする　■have [get] a drink（飲み物を）飲む　■beak 名 くちばし
■get water up one's nose 鼻に水が入る　■feather 名 羽

どんな子どもでも両手を強く頭にあてて、目をつぶればこんなことを思い出せるものなのです。だって子どもは人間になる前は、鳥なんです。だから生まれて数週間、ちょっと勝手気ままなんです。それに肩もむずむずしています。羽があったところですから。デイビッドはそう私に教えてくれました。

　だからある晩ピーター・パンは、窓からまっすぐにケンジントン公園へ飛んでいきました。ケンジントン公園に着いたときにピーター・パンが最初にしたことは、ラウンド・ポンドで水を飲むことでした。でも自分が鳥ではなくて人間であることを忘れていました。水にくちばしを入れたとき、飲む代わりに鼻に水が入ってしまいました。そしてバランスを崩し、水の中へポチャンと落ちてしまったんです！

　鳥は濡れると、乾かすために羽を広げますね。でもピーターはどうしていいのか思い出せません。だから代わりに木のところで眠ったのです。起きたとき、まだ朝はやってきていなくて、あたりがとても寒く感じました。

　「こんな寒い朝ははじめてだ」ピーターは思いました。でもだれでも知っているように、鳥にとって温かい夜といっても、人間の男の子にとっては寒いんですよね。

Peter's nose felt very wet. He kept hearing loud noises that made him look sharply around, but really it was himself sneezing. He wanted something very badly, but he could not remember what it was. What he wanted was for his mother to blow his nose. But that thought never came to him, so he decided to ask the fairies for help.

To Peter's surprise, every fairy he talked to ran away from him. (Fairies are very afraid of humans.) Peter didn't understand why these things were happening to him. He sat down and cried. Finally, when had had a good cry, he went to talk to Old Solomon, the leader of the birds, to find out what was going on.

Old Solomon lived on the island in the middle of the Serpentine. Nobody can get to it except by flying. Peter, who could still fly, flew to it and found all the birds were asleep. All except for Solomon.

Solomon listened to Peter's story and then told him why he was having so much trouble.

"You're a human now," he said. "Look at your nightgown if you don't believe me."

■sneeze 動 くしゃみをする　■badly 副 とても　■blow 動 鼻をかむ　■go on 起こる

ピーターの鼻はかなり濡れていました。大きな音がきこえてくるのであたりを用心して見渡しましたが、実際はピーターのくしゃみでした。何かがとても欲しかったのですが、何が欲しかったのか、思い出せません。欲しかったものというのは、お母さんに鼻をかんでもらうことでした。でもそんなことが頭をよぎることもなく、ピーターは妖精たちに頼むことに決めました。

　ピーターがおどろいたことに、話しかけたどの妖精もピーターから逃げていってしまいます（妖精は人間が怖いんです）。ピーターはどうしてこんなことが起きるのか、わかりませんでした。座り込んで泣きました。存分に泣いたあと、何が起きているのか知るために鳥のリーダーのオールド・ソロモンのところへ行きました。

　オールド・ソロモンはサーペンタイン池の真ん中にある島に住んでいました。飛ばないかぎり、そこへはだれも行けません。まだ飛べるピーターは、そこへ飛んでいくと、ソロモンをのぞいて、鳥たちがみんな眠っていました。

　ソロモンはピーターの話をきき、それからピーターがなぜ困っているのかを教えました。
　「今、おまえは人間だからだ」ソロモンはいいました。「パジャマを着ているじゃないか。私の言葉が信じられないのか」

Peter looked down and saw it was true. He was wearing a nightgown instead of feathers. Suddenly Peter wanted to see his mother very much.

"I think I shall go back to mother," said Peter.

"Good bye," said Solomon, but Peter did not move.

"Why don't you go?" asked the old bird.

"Well…Can I still fly?" asked Peter, afraid of what the answer would be. You see, once you doubt that you can fly, you stop being able to fly forever.

"Poor little half-human, half-bird!" said Solomon. "You will never fly again. You must live on the island forever."

"I can't even go to Kensington Gardens?" Peter said. He started to cry.

Solomon felt sorry for Peter, so he taught him all the bird ways that Peter could still do in his new human shape. In this way, Peter became not exactly a human and not exactly a bird. He was, as Solomon put it, an "In Between."

■well 副 えーっと、うーん　■put 動 定義する

ピーターは下を向き、そのとおりだとわかりました。羽はなく、パジャマを着ていたのです。急にお母さんがとても恋しくなってしまいました。

「お母さんのところへ帰らなくっちゃ」ピーターはいいました。
「さようなら」ソロモンはそういいましたが、ピーターは行こうとしません。
「どうして行かないんだね？」ソロモンはたずねました。
「だって……ぼく、飛べるかな？」ピーターは、なんて返事されるかびくびくしながらききました。飛べるかどうか、わからなくなったら、永遠に飛べなくなるんです。
「かわいそうな、半分人間で、半分鳥である小さな者よ！」ソロモンはいいました。「おまえは二度と飛べはしないだろう。この島で永遠に暮らすのだ」
「ケンジントン公園へさえ行けなくなっちゃうの？」ピーターはいいました。そして泣きだしてしまいました。
　ソロモンはピーターを哀れに思ったので、鳥のやり方すべてを使って、ピーターが人間の姿のままでやっていけることを教えました。こうして、ピーターは必ずしも人間ではない、必ずしも鳥でもないものになりました。ソロモンの定義では、ピーターは「どっちつかず」なのでした。

Old Solomon also taught Peter how to have a glad heart. All birds have glad hearts. That's why they sing all day long. Peter's heart was so glad that he wanted to sing all day long too. But he couldn't sing like the birds, so he made a pipe. He would sit by the Serpentine and practice all night long. He learned to play the sound of the wind and the light of the moon. He got very good.

But sometimes Peter's songs were sad. This was because what he wanted most of all was to go to the Kensington Gardens and play like real children. But he could not swim nor fly, and he had no way to get there.

However, Peter did finally go to Kensington Gardens with the help of Shelley's boat. I'll tell you about that now.

■all day long 一日中　■pipe 名 笛　■get good 上達する　■nor 接 A も B も〜でない　■have no way to 〜することはできない　■get there そこに到着する

オールド・ソロモンは、ピーターにどうやって楽しい心を持つかも教えました。鳥だったら楽しい心を持っているのです。だから鳥は一日中歌うのです。ピーターの心もとても楽しくなり、一日中歌いたくなりました。でも鳥のようにはまだ歌えなかったので、笛を作りました。サーペンタイン池のそばに座って一晩中練習しました。風の音を吹き、月の光の音を吹きました。とても上手に吹けるようになりました。

　でもときどき、ピーターは悲しい曲を吹きました。本当はケンジントン公園に行って本当の子どものように遊びたかったからです。でも、泳ぐことも、飛ぶこともできず、どうやってもケンジントン公園へは行けないのでした。

　でも、ピーターはとうとうケンジントン公園へシェリーさんの船で行くことができました。これからそれについてお話ししましょう。

3.
The Thrush's Nest

Shelley was a young gentleman. He was a poet, which means he was never exactly a grown-up. Poets are people who don't like money except for what you need for today. So, when Shelley was walking in Kensington Gardens one day, he made a boat out of a five-pound bank note and sent it sailing on the Serpentine.

It reached the island at night, and a bird brought it to Old Solomon. Solomon had no idea what it was, so he gave it to Peter. Most useless things that came to the island were given to Peter as a toy.

Peter knew what the bank note was because he had seen his parents using it during his week as a human. Somehow he would use this money, he thought, to get to the Gardens!

■thrush 名ツグミ ■poet 名詩人 ■make ~ out of ~を…で作る ■bank note 紙幣 ■sail 動出帆する ■have no idea わからない

3.
ツグミの巣

　シェリーさんは、若い青年でした。詩人でもありましたが、詩人であるということは、本当のところ、大人になりきっていないということなのです。詩人というのは、今日必要なお金があれば、もうお金が好きではない人たちです。だから、シェリーさんがケンジントン公園を歩いていたその日、彼は五ポンド紙幣で船を作り、サーペンタイン池に浮かべました。

　夜になって島に五ポンド紙幣の船が着きました。一羽の鳥がオールド・ソロモンのところへ持っていきました。ソロモンは、それが何なのか、わからなかったのでピーターにやりました。島にやってくるほとんど使い道のないものは、ピーターにおもちゃとして与えられていました。
　ピーターは、人間だったころ、生まれたその週に両親が紙幣を使っているのを見ていたので、それがお金（お札）だと知っていました。なんとかして、このお金を役立てることを考えたピーターは、これでケンジントン公園へ行くことにしたのです！

Peter thought and thought about how to get to the Gardens, and at last he came upon a great idea. He hired all the thrushes on the island to build a nest big enough for him. Thrushes' nests are lined with mud. If it were to fall into the water, it would float. Peter would use his nest as a boat and sail to the Gardens!

The thrushes worked every day for months to build the boat. Peter paid his workers every evening. They stood in rows on tree branches and waited as Peter cut the bank note into pieces. Then Peter called each bird by name, and each bird would fly down and get his piece of money.

The finished boat was beautiful. It was brown with mud on the inside and green with leaves on the outside. Peter also added a sail that he made out of his nightgown. The boat fit Peter perfectly, and he liked to sleep in it. He sleeps in it still, curled up like a cat.

Peter had promised the thrushes that he would make short trips at first, to get used to the boat. But far away he saw Kensington Gardens, and he could not wait. He jumped into his boat and set sail at once.

■come upon（考えを）思いつく ■be lined with 〜で裏打ちされている ■mud 名泥 ■stand in a row 列になって立つ ■sail 名帆 ■curl up 丸くなる ■set sail 船出する

ピーターは、ケンジントン公園へ行く方法を一生懸命考えて、そしてついに、あるすばらしいアイデアを思いつきました。ピーターは、島中のツグミを雇ってピーターが入れる巣を作ることにしたのです。ツグミの巣は、内側を泥で固められるのです。水の中に落ちることがあったら、浮かぶでしょう。ピーターはこの巣を船としてケンジントン公園へわたろうとしたのです！

　ツグミたちは何か月も毎日船を作るために働きました。ピーターは毎晩支払いをしました。ツグミたちは木の枝に一列に立ち、ピーターがお札を小さく切ってくれるのを待ちました。するとピーターは一羽ずつツグミを名前で呼び、ツグミたちは一羽ずつ飛んでいき、お札のかけらをもらうのでした。

　完成した船は、美しいものでした。茶色で、内側は泥になっていて、緑の葉が外側を覆っています。ピーターは自分のパジャマで帆も作りました。船はピーターにぴったり合い、ピーターは中で眠るのが好きになりました。猫のように丸くなって、じっとして眠るのです。

　ピーターはツグミたちに、まずはじめに船になれるため少しだけ水面を走らせると約束しました。でも、遠くにケンジントン公園を見たとたん、もう待てなくなりました。ピーターは船に飛び乗るとすぐさま出発してしまったのです。

It was a dangerous trip, with high waters and strong winds from the start. But Peter was brave and drove his boat beautifully. He sailed through a storm and at last landed on the green banks of Kensington Gardens.

But Peter was not out of danger yet. He had arrived after lock-out time, and there was an army of fairies on the shore ready to fight him. Just then, the women fairies saw that Peter was a baby, because his sail was made out of a baby's nightgown. Then they loved him, for that is how women are.

The fairy army trusted the wisdom of their women, so they let Peter into the Gardens. From then on, Peter was allowed to play in the Gardens after lock-out time.

Peter always hurries back to the island long before the gates to the Gardens open. But during the night, he has hours of play time. He thinks he plays exactly as real children play, but it is one of the sad things about him that he often plays quite wrongly.

■high water 満潮（時）、最高水位　■bank 名土手　■lock-out 名閉園、閉鎖
■shore 名岸　■wisdom 名見識、知恵

危ない航行がはじまって、水は高く、風も出発したときから強いままです。でもピーターは勇気を持って、みごとに船をあやつりました。嵐の中を進んで、とうとうケンジントン公園の緑の岸辺に着いたのです。

　でもピーターは、まだ危険な状態にいました。公園の閉園時間のあとに着いたので、岸で怒り狂った妖精の軍隊がピーターをつかまえようと待ちかまえていたのです。ちょうどそのとき、船の帆が赤ん坊のパジャマでできていたのを見て、女の妖精たちがピーターが赤ん坊だと気づきました。女の妖精たちはピーターを可愛く思いました。だってそれが女性というものでしょう。
　妖精の軍隊は、女の妖精たちの見分ける力を信じて、ピーターを公園に迎え入れることにしました。それからというもの、ピーターは閉園時間のあと、ケンジントン公園の中で遊ぶことが許されました。
　ピーターはいつも、ケンジントン公園の門が開くずっと前に島へ急いで帰っていました。でも夜のあいだ、ピーターは何時間も遊ぶ時間がありました。自分では本物の子どもが遊ぶように遊んでいると思っていましたが、悲しいことに、悲しいことはこれだけではなかったのですが、ピーターの遊び方はかなり間違ったやり方でした。

For example, once Peter found a balloon. He spent a long time running after it, which was very exciting. When he finally caught it, he thought it was a ball. A bird had once told him that boys kick balls, so he kicked it. The balloon flew into the air and Peter never saw it again.

Another time, Peter found a child's pail, and he thought it was for sitting in. He sat in it so hard that he almost couldn't get out.

You shouldn't feel bad for Peter Pan for making these mistakes. You see, he didn't know that he was playing wrongly, and he always had such fun. Instead, you might feel bad for Peter because he didn't have a mother, but he went to visit her once. The fairies helped him. I'll tell you how.

■pail 图バケツ、手おけ　■feel bad かわいそうに思う　■you see ほら、あのね

たとえば、ピーターはあるとき風船を見つけました。ピーターは風船のあとを追って長い時間かけまわって、とても愉快でいい気持ちでした。やっとつかまえたとき、ピーターはそれをボールだと思いました。一羽の鳥があるとき男の子たちはボールを蹴るんだとピーターに話したことがあったので、ピーターも蹴ったのです。風船は宙に飛んでいって、ピーターが二度とそれを見ることはありませんでした。

　こんなこともありました。ピーターは子ども用の手おけを見つけましたが、ピーターはそれを中に座り込むものだと思いました。彼は一生懸命、中に座り込もうとして、出られなくなってしまったのです。

　ピーター・パンがこんな間違いをやったことを、かわいそうに思わなくていいんですよ。だって、ピーターは間違って遊んでいたとは知りませんでしたし、いつもとっても楽しかったのですから。それよりも、お母さんがいないことをかわいそうに思うかもしれませんが、一度、ピーターはお母さんに会いに行ったことがあるのです。妖精たちに助けられて。これからそのお話をしましょう。

4.
Lock-Out Time

It's very difficult to know much about fairies. The only thing known for sure is that there are fairies wherever there are children. When the first baby laughed for the very first time, his laugh broke into a million pieces, and they spread all over the world. That was the beginning of fairies.

You don't see fairies often because they are so good at hiding. One of their best hiding tricks is to look like flowers. But after lock-out time in Kensington Gardens, the fairies all come out without fear of being seen.

The thing that fairies are best at is dancing. They throw wonderful balls, which are dance parties that last the whole night. At these balls, Peter is always the musician. He sits in the middle of the dance floor, and he plays his pipe. Peter plays so well that one day the Queen of the Fairies gave him one wish to thank him.

■wherever 接 どこであろうとも　■first baby はじめての赤ん坊　■throw 動 (パーティなどを) 開く　■ball 名 舞踏会　■last 動 続く　■give ~ one wish ～の願いをひとつかなえる

4.
閉園時間

　妖精たちを深く理解するのはとても大変です。ただひとつだけ確実にわかっていることは、子どもがいるところには妖精もいるということです。はじめての赤ん坊がはじめて笑うとき、その笑いが百万ものかけらにくだけ、世界中に散るのです。これが妖精のはじまりです。

　多くの場合、妖精を見るのがかなわないのは、妖精が隠れるのが上手だからです。とても上手に隠れるやり方に、花のように見せかける方法があります。でも、ケンジントン公園の閉園時間のあとでは、妖精たちはみんな、見られることをおそれずに姿を現します。
　そして妖精たちがとくに得意とするものは、ダンスです。それはすばらしい舞踏会を開くのですが、これは一晩中つづくダンスパーティです。この舞踏会では、ピーターはいつも音楽家でした。ダンスフロアの真ん中に座り、笛を吹くのです。ピーターはとても上手に吹くので、ある日妖精の女王がお礼に、ピーターの願いをひとつかなえてあげることにしました。

Peter had to think hard about what he wanted. Finally he asked, "Could you help me go back to mother?"

This question troubled the fairies, because if Peter went back to his mother, they would lose their music. So the Queen turned up her nose and said, "Ha! Ask for a much bigger wish than that."

"Is that a little wish?" asked Peter.

"As little as this," said the Queen, putting her two hands close together.

"What size is a big wish?" asked Peter.

The Queen showed him a length her skirt.

"I see," said Peter. "Then I'd like to ask for two little wishes, instead of one big one."

Of course, the fairies had to agree. So Peter said his first wish was to go to his mother, and the second wish he would decide later.

The fairies tried to make it hard for him.

"I can give you the power to fly to her house, but I can't open the door for you," said the Queen.

"The window I flew out of will be open," said Peter. "Mother always keeps it open in the hope that I may fly back."

■turn up one's nose フンとそっぽを向く　■in the hope that ～ということを期待して

ピーターは必死に何が欲しいのか、考えなくてはいけませんでした。そしてとうとう「お母さんのところに帰るのを手伝ってくれない？」とお願いしました。

　この願いは妖精たちを困らせました。なぜって、もしピーターがお母さんのところへ戻ったら、音楽がなくなってしまうのです。そこで妖精の女王はフンッとそっぽを向くと、「おや、そんなものよりもっと大きな望みをお願いなさい」といいました。

「ぼくのは小さい望みなの？」ピーターはたずねました。

「これっくらい小さいわ」女王はそういって、自分の両手を合わせました。

「大きな望みのサイズは？」ピーターはたずねました。

　女王は自分のスカートの長さを指しました。

「そうか」ピーターはいいました。「それじゃ、小さな望みをふたつかなえてほしいよ。大きな望みひとつの代わりに」

　もちろん、妖精たちは同意しなくてはいけません。そこでピーターは、最初の望みはお母さんのところへ行くこと、そしてふたつ目の望みはあとで決めるといいました。

　妖精たちはなんとか、望みがかなうのを妨害してやろうとしました。

「おうちへ飛んでいく力は与えてあげられるけど、おうちのドアを開けてあげることはできませんよ」妖精の女王はいいました。

「ぼくが飛んで出た窓はあいてるよ」ピーターはいいました「お母さんは、ぼくが戻ってくることを期待していつも開けておいてくれるんだ」

"How do you know?" asked the fairies. Peter was surprised because he didn't know how he knew.

"I just know," he said.

The fairies gave Peter his wish. They tickled his shoulders until they felt quite itchy. Then up he rose higher and higher, and away he flew out of the Gardens and over the houses.

Flying was so fun that Peter spent some time flying around London. But then he finally made his way to his own house.

The window was open, just like he said, and he flew in. His mother was sleeping, and she looked very pretty in the light of the moon. But she looked sad, and Peter knew why she was sad. Her arm looked like it wanted to go around something. He knew that something was him.

"Oh, mother!" thought Peter. "If you only knew who is sitting on your bed right now!"

He made up his mind right then that he would come back to his mother forever. But then he thought about his second wish. If he didn't go back to the fairies, he would never get his second wish. So he decided to go back to the Gardens, get his second wish, and then come back to his mother.

■tickle 動 ~をくすぐる ■up ~ rise ~を浮かばせる ■make one's way to ~に向かっていく ■make up one's mind 決心する

「どうやってわかるんだい？」妖精たちはききました。ピーターは、自分がどうして知っているのか、わからないのでおどろいてしまいました。

「ただ、わかってるんだ」ピーターはいいました。

妖精たちはピーターの望みをかなえました。ピーターの肩を、むずむずするまでくすぐりました。するとピーターがどんどん上へあがっていき、ケンジントン公園から飛び立って、家の上にやってきました。

飛ぶのがとても楽しかったので、いくらか時間をかけてピーターはロンドンのあたりを飛びました。でも、とうとう自分の家へ、なんとかたどり着きました。

ピーターのいったとおりに部屋の窓は開いていたので、ピーターは窓から飛んで入りました。ピーターのお母さんは眠っていて、月の光に照らされて、とても美しく見えました。でも、悲しそうでもあり、ピーターはなぜお母さんが悲しんでいるのか知っていました。お母さんの腕は、まるで何かを抱きしめようとしているかのようでした。ピーターはそれが自分だということも知っていました。

「ああ、お母さん！」とピーターは思いました。「たった今、ベッドに座っているのがだれなのか、わかってくれたら！」

まさにそのとき、ピーターはお母さんのところへ戻ってくることを決心したのです。でもふたつ目の望みについても考えていました。妖精たちのところへ戻らなかったら、ふたつ目の望みをかなえることはできません。そこでピーターはケンジントン公園に戻り、ふたつ目の望みをかなえてもらい、それからお母さんのところへ戻ることにしました。

Before he left, Peter played a beautiful song on his pipe to help his mother have nice dreams. He didn't stop playing until she looked happy. When she did, he flew out the window.

Many nights, even months, passed before Peter asked the fairies for his second wish. Peter had so many friends and favorite places to say good-bye to. And of course he wanted to sail in his boat one last time, then one final time, then one last time of all, and so on.

At last, Peter said to the fairies, "I wish now to go back to mother forever." So they had to tickle his shoulders and let him go.

By this time Peter missed his mother so much that he was in a hurry to be with her again. He flew straight to the window that was always to be open for him. But the window was closed! Peter looked in to see his mother sleeping with her arm around another boy.

"Mother! Mother!" cried Peter. He pushed at the window. But his mother didn't hear him and the window didn't open. He had to fly back, crying, to the Gardens.

■and so on その他いろいろ　■miss 動 〜が恋しい　■push at 〜を押す

戻る前に、ピーターは、お母さんが楽しい夢を見られるようにと笛できれいな曲を吹きました。お母さんがまた幸せそうになるまで、ピーターは吹きつづけました。そしてお母さんが幸せそうにすると、窓から飛び立ちました。

　ピーターがふたつ目の望みを妖精たちにお願いする前に、たくさんの夜が過ぎて、何か月もが過ぎました。ピーターにはお別れをいわなくてはならない大好きな場所や友だちがたくさんいたのです。そしてもちろん、ピーターは最後に一度だけ船をあやつりたくて、さらに最後の一回、そしてこともあろうにさらに最後の一回と、つづけてしまったのです。
　とうとうピーターは妖精たちに、「さあ、お母さんのところへ永遠に帰してくれ」といいました。そこで妖精たちはピーターの肩をくすぐり、飛び立たせました。
　このころにはピーターはかなりお母さんが恋しくなって、会いたくて仕方がありませんでした。ピーターはまっすぐに、開けられているはずのあの窓へ飛んでいきました。でも、窓は閉まっていたのです！　ピーターは中を見て、お母さんが一人の男の子を腕に抱いて眠っているのを見ました。

　「お母さん！　お母さん！」ピーターは叫びました。窓を押してみました。でもピーターのお母さんにはきこえず、窓も開きません。ピーターは泣きながらケンジントン公園へ飛んで戻りました。

Peter never saw his mother again. He had meant to be such a wonderful boy for her! Ah, Peter! When we make mistakes we realize how differently we would act if we were given a second chance. But there is no second chance for most of us. When we reach the window, it is lock-out time. The window will not open.

■mean to ～するつもりである ■act 動 行動する、ふるまう

ピーターは二度とお母さんに会うことはありませんでした。お母さんのためにどんなにいい子になろうとしたことか！　ああ、ピーター！　間違いを犯すとき、二度目のチャンスがあると知っていると大抵、慢心するものです。でもほとんどの場合、二度目のチャンスなんかありません。窓辺にやってくるときというのは、閉園時間なのです。窓が開くことはないのです。

5.
The Little House

Only three or four people have ever seen the Little House in Kensington Gardens. It is the only house in the world that the fairies built for humans. To see the Little House, you have to sleep in it. This is because it is not there when you lie down, but it is there when you wake up.

Maimie Mannering is the person for whom the Little House was first built. Maimie was four years old, and her brother, Tony, was six. During the day time, Maimie thought Tony was the bravest boy in the world. But at night, Maimie had a game that she liked to play.

As Tony and Maimie lay in their beds next to each other, she would say, "Tony! It's coming for you! Don't you see it? Such a big goat! Oh, Tony!"

■lie down 横になる　■goat 名ヤギ

5.
小さな家

　わずか三、四人の人だけがケンジントン公園の小さな家を見たことがあります。この小さな家は、妖精たちが人間のために作った世界でただひとつの家です。この家を見るには、この家の中で眠らなくちゃいけません。なぜかというと、寝るときではないのですが、起きたときにこの小さな家が見えるからです。

　メイミー・マナリングは、小さな家がはじめて建てられたときにこの家を見た最初の人間です。このときメイミーは四歳で、兄のトニーが六歳でした。日が照っているあいだ、メイミーはトニーが世界で一番勇敢な男の子だと思っていました。でも、夜になると、メイミーは自分の好きな遊びをするのです。

　トニーとメイミーが寄り添ってベッドに入っているとき、メイミーは「トニー！　くるよ！　あれが見えないの？　とっても大きなヤギよ！　ねえったら、トニー！」

Tony would run out of the room, yelling. But when he returned to the room with his mother, Maimie would already be asleep.

One day, Tony and Maimie were walking in Kensington Gardens with their nurse. It was very cold that day and the ground was white with snow.

"I'm going to stay in the Gardens past lock-out time!" Tony said suddenly.

"But the fairies will be so angry with you!" said Maimie.

"I don't care," said Tony.

That evening, when it became close to lock-out time, Maimie was excited for her brother. She watched to see how he would get away from their nurse. However, as it got darker, there seemed to be fear in Tony's eyes. All of a sudden, he started running. To Maimie's great surprise, he ran right out of the gates!

Maimie felt her heart break. Tony—her brother, her hero—was afraid! He was running away! Angry and sad, Maimie turned and ran to St. Govor's Well and hid.

■yell 動叫ぶ ■care 動気にする、かまう

トニーは部屋から叫びながら走りだしました。でもお母さんといっしょに部屋に戻ってきたとき、メイミーはすでに眠っているのでした。

　ある日、トニーとメイミーがケンジントン公園でベビーシッターと歩いていました。とても寒い日で、地面は雪で白くなっていました。

「閉園時間が過ぎてもぼくはケンジントン公園にいるぞ！」トニーは突然いいました。
「でも、妖精たちが怒るわよ」メイミーがいいました。
「かまうもんか」トニーはいいました。
　その晩、閉園時間が近づくと、メイミーはトニーがどうするかとワクワクしていました。メイミーは、トニーがベビーシッターからどうやって逃げるのか見ていたのです。でも、あたりが暗くなるにつれて、トニーの目には恐怖が浮かんでいるようでした。急に、トニーは走りだしました。メイミーが大変おどろいたことに、トニーは門の外へ走り出ていってしまったのです！

　メイミーは、心臓がくだかれたように感じました。自分の兄、自分の英雄であったトニーが怖がっている！　逃げ出している！　怒りと悲しみでメイミーは引き返すと聖ガーバーの井戸へ走っていって隠れました。

Darkness fell slowly. Maimie felt something cold run up her legs and drop into her heart. It was the stillness of the Gardens. Then she heard the "Clang! Clang!" of the closing gates. It was now past lock-out time.

After the last gate was closed, Maimie saw such a sight! The trees began to move! They raised their branches to the evening sky and shook them out. They were tired from holding still all day long.

"Oh, that's better!" said one tree to another. Maimie's eyes opened wide. She didn't know trees could talk too!

Then, coming down the road she saw an even more wonderful sight. It was a line of fairies all dressed in their best clothes. The ladies had on long, beautiful dresses and jewels around their necks. Maimie hid and listened carefully. As the line passed her, she learned that the fairies were going to a special ball, in which the Duke of Fairies was going to try to fall in love. The Duke of Fairies had met many ladies. But he could not fall in love with any of them. His doctor followed him around to feel his heart every time he met a lady. But each time, the doctor would say sadly, "His heart is cold. Quite cold."

■run up （感覚などが体を）走る ■stillness 名静けさ ■clang 名カーン（という音）
■shake ~ out ～を振って広げる ■even more さらにいっそう ■Duke 名侯爵

あたりがゆっくりと闇に包まれていきます。メイミーは足の上を何か冷たいものが走って、心臓にぽたりと落ちたように感じました。それは公園の静けさでした。それからメイミーは「カン！　カン！」という門の閉まる音をききました。閉園時間を過ぎた合図です。

　最後の門が閉まったあと、メイミーの目の前でとんでもない光景がくりひろげられました。木が動きだしたのです！　木々は夜の空へ向かって枝をあげると、ぶるぶると震えました。一日中じっと動かないでいたので疲れていたのです。

　「ああ、よくなった！」一本の木がいいました。メイミーは目を見張りました。木が話せるなんて知らなかったのです！

　それから道を下っていくと、もっと不思議な光景を目にしました。豪華に着飾った妖精たちが一列に並んでいたのです。妖精のレディーたちは長くてきれいなドレスを着て、首には宝石がちりばめられていました。メイミーは気をつけて隠れて、耳をすませました。妖精たちの列が過ぎたあと、メイミーは、妖精たちが、ある特別な舞踏会へ行くところだと知り、そこでは妖精の侯爵が自分たちのうちのだれかと恋に落ちようとしていたのでした。妖精の侯爵には、たくさんのレディーが会っていました。でも誰一人として気に入ってもらえません。お医者さまはあとをついていきながら、侯爵がレディーに会うたびに侯爵の心臓を調べます。でも毎回、「侯爵の心臓は冷たい。かなり冷たい」と悲しそうにいうのでした。

Maimie wanted very much to see the fairy ball. She followed, being careful not to be seen. On the way there, she came across a fairy who had fallen into a puddle. At first the little fairy was afraid of Maimie. But after Maimie kindly lifted her out, she sat in her hand and talked excitedly about her plans that night.

The fairy's name was Brownie. Although she was only a poor street singer, she was going to the ball to see if the Duke of Fairies would make her his wife.

"Of course," she said sadly, "I am quite plain."

It was true, Brownie was quite plain for a fairy. Maimie felt bad because she didn't know what to say. But then she remembered something her father had once said about her mother.

"After a long day in the city, it is so nice to come home to a plain face," he had said. Maimie told this to Brownie, and that made Brownie feel much better. So Brownie jumped off her hand and ran to the ball. Maimie knew it was dangerous to follow, but she couldn't help herself. She ran after Brownie.

■puddle 図水たまり　■lift ~ out ~を取り出す　■plain 形平凡な　■can't help oneself 自分をおさえられない　■run after ~を追いかける

メイミーは妖精たちの舞踏会をとっても見たくなりました。そこで見られないようについていきました。途中で水たまりに落ちてしまった妖精に出会いました。はじめは、その小さな妖精はメイミーを怖がっていました。でもメイミーが親切にもすくいあげると、妖精はメイミーの手のひらに座り、その晩の計画について楽しそうに話しだしました。

　妖精の名前はブラウニーといいました。ブラウニーは路上で歌う下手な歌手でしたが、侯爵の妻になれないか、舞踏会へ行くところなのでした。

「もちろん」ブラウニーはいいました。「自分が平凡だってわかってるわ」
　それは本当で、ブラウニーはまったく妖精にしては平凡でした。メイミーは何といっていいのかわからなかったので、かわいそうに思いました。でも、お父さんが一度お母さんについていっていたことを思い出したのです。

「街に長くいたあとに、平凡な顔がある家へ帰るのはいいものだな」とお父さんはいったのでした。メイミーはこのことをブラウニーに話すと、ブラウニーはとっても元気がわいてきました。そしてブラウニーはメイミーの手のひらから跳びはねると、舞踏会へ走っていきました。メイミーは追いかけないほうがいいとわかっていましたが、我慢できません。メイミーはブラウニーのあとを走っていきました。

The ball was being held in a ring among the trees. Seated close to the Queen of Fairies was the Duke. He had a sad face, and the doctor was by his side, shaking his head. A long line of ladies in wonderful dresses stood before him. One by one, the ladies were introduced to the Duke. But each time, the doctor would feel his heart and say, "Cold. Quite cold."

Finally, it was Brownie's turn. Brownie did not have a wonderful dress, and of course she was quite plain. The Queen's court began to laugh when Brownie stepped toward the Duke. The doctor, feeling the Duke's heart, began to say "Cold—" but he suddenly stopped.

"What's this!" cried the doctor. "Dear me!"

The Duke's heart must have been quite hot, because the doctor had to pull his hand away quickly.

"The Duke is in love!" he shouted.

Suddenly there was great happiness. Everyone jumped and cheered, and the fairies began to dance. Brownie held out her arms to the Duke, and he ran to her. Maimie jumped and cheered too.

■seat 動 座る ■feel 動 ～に触ってみる ■court 名 廷臣、臣下 ■dear me おやまあ、なんてこと ■pull ~ away ～を引きはなす ■hold out （腕を）伸ばす

舞踏会は木々の中で、輪になって行われていました。妖精の女王の近くに座っているのが侯爵です。侯爵は悲しそうな顔をして、そばにいるお医者さまが首を横に振っていました。すばらしいドレスを着たレディーたちの長い列が侯爵の前に来ました。一人ずつ、レディーは侯爵に紹介されます。でも毎回、お医者さまは侯爵の心臓を調べて、「冷たい。かなり冷たい」というのです。

　とうとう、ブラウニーの順番がやってきました。ブラウニーは素敵なドレスは着ていませんでしたし、もちろん平凡です。女王の廷臣たちはブラウニーが侯爵の前に出たとき笑いだしました。お医者さまは侯爵の心臓を調べながら「冷たい」といいだしましたが、急にやめました。

「なんだ、これは！」お医者さまは叫びました。「なんてことだ！」
　侯爵さまの心臓はかなり熱かったにちがいありません。なぜって、お医者さまが、さっと手をひっこめてしまったからです。
「侯爵さまが恋に落ちた！」お医者さまは叫びました。
　突然大きな幸福に全員が包まれました。みんな跳びはねたり、はしゃいだりして、妖精たちはダンスをはじめました。ブラウニーが侯爵へ両腕を差しだすと、侯爵は走ってきました。メイミーも跳びあがってはしゃぎました。

Suddenly everybody stood still and the music stopped. Maimie remembered too late that she was a human at a fairy ball. She wasn't supposed to be there. She could feel the fairies getting angry, and soon they were all shouting.

"Get her! Turn her into something terrible!" they cried.

Maimie ran and ran. She ran until she became tired and fell asleep, but she dreamed that she was still running.

Before the fairies could run after Maimie, they had to decide who would run in the front. This gave Brownie time to ask the Queen for her prize. In the fairy world, every bride is given a prize. What Brownie wanted was Maimie's life to be saved.

"Anything but that," said the Queen. But when Brownie explained how Maimie had helped her go to the Duke without fear, everyone cheered. Then the fairies went after Maimie to thank her.

When they found Maimie, she was asleep in the snow. The fairies began to worry because her hands were very cold, and the snow kept covering her. Then someone had the idea of building a house around her to keep her warm.

"Yes! That's it!" they cried, and they got right to work.

■stand still じっとしている　■turn ~ into ~を…に変える　■in the front 一番前で　■prize 图褒美　■bride 图花嫁　■anything but ~のほかは何でも　■go after ~のあとを追う　■That's it. いい考えだ。まさにそれだ。

急にみんなじっとして、音楽もとまりました。メイミーは、自分が妖精たちの舞踏会にいる一人の人間だったことを思い出しましたが、遅すぎました。ここにいるべきではないのです。メイミーが妖精たちが怒りだすのを感じると、妖精たちはすぐにわめき始めました。

　「つかまえろ！　この子を見るもおそろしいものに変えてしまえ！」妖精たちは叫びました。

　メイミーは走って逃げました。疲れて眠ってしまうまで走りつづけましたが、眠ってしまってからも自分が走っている夢を見ていました。

　妖精たちは、メイミーを追いまわす前に、だれが先頭になるか決めなければいけませんでした。こうしているあいだにブラウニーは女王に褒美をお願いしました。妖精たちの世界では、花嫁は褒美を与えられるのです。ブラウニーが望んだものはメイミーの命を助けることでした。

　「それ以外のことだったらよろしい」女王はいいました。でもブラウニーが、どうやって怖がらずに侯爵に会えたのか、それをメイミーが助けてくれたのを話すと、みんなが拍手喝采しました。そしてお礼をいいにメイミーを追いかけました。

　メイミーが見つかったとき、メイミーは雪に埋もれて眠っていました。妖精たちはメイミーの手がとても冷たくて、雪がどんどん積もってメイミーが埋もれていくので心配になり始めました。すると、だれかがメイミーが寒がらないように、メイミーのまわりに家を建てようといいました。

　「そうだ！　それはいい考えだ！」妖精たちは大きな声でいい、すぐに仕事にとりかかりました。

The carpenters cut the wood, the roofers put on the shingles, and the painters painted the walls. The gardeners planted the gardens, and soon, there was a finished house exactly the size of Maimie.

When Maimie woke up the next morning, she sat up. Her head hit the roof and it opened like the lid of a box. Maimie saw with surprise that she was inside a little house in Kensington Gardens.

She stepped out of the house and onto the snow. The Little House was the most beautiful thing she ever saw!

"Oh, you sweet little house!" she said. But as soon as she spoke, the house began to shrink. It got smaller and smaller until, finally, it disappeared. This broke Maimie's heart and she began to cry.

Then she heard a kind voice say, "Don't cry, pretty human, don't cry." When she turned around, she saw a beautiful little boy and she knew at once that he must be Peter Pan.

■carpenter 名 大工　■roofer 名 屋根職人　■shingle 名 屋根板　■lid 名 ふた
■step out 外へ出る　■sweet 形 かわいい　■shrink 動 縮む

妖精の大工さんたちが木を切り、屋根職人さんは屋根板をふいて、ペンキ屋さんは壁にペンキを塗りました。庭師さんは庭をこしらえ、そしてすぐに、メイミーのサイズにぴったりの家ができあがりました。

　メイミーは翌朝目を覚ますと、起き上がりました。頭が屋根にあたって箱のふたのように屋根が開いてしまいました。メイミーは、ケンジントン公園で小さな家の中にいるのでびっくりしました。

　メイミーは家から出ると雪の上を歩きました。その小さな家ほど、美しいものをメイミーは見たことがありませんでした！
　「まあ、なんてかわいらしい小さな家！」メイミーはいいました。でも、話しだすとすぐに、その家は縮んでいってしまいました。小さく、小さくなっていき、とうとう消えてしまったのです。メイミーはショックを受けて泣きだしてしまいました。
　すると優しい声がきこえてきました。「泣かないで、かわいい人間さん、泣かないで」　後ろを振り向くと、かわいらしい小さな男の子がいて、メイミーはすぐにこの子がピーター・パンだとわかりました。

6.
Peter's Goat

🎧 18 "I hope you have had a good night," Peter said.

"Thank you, I was very warm," Maimie said. She looked at Peter, who didn't have any clothes on, and she asked, "Aren't you cold?"

Peter had quite forgotten what cold was, so he answered, "I don't think so, but I don't really know. You see, I don't know much because I'm not exactly a boy. Solomon says I am an 'In Between.' But my name is Peter Pan."

"I know," said Maimie. "Everybody knows."

Peter was very pleased to know that people outside the Gardens knew about him. He wanted to know what people said about him. Maimie sat down on a fallen tree and told him all about it. She told Peter that he was the bravest boy she knew. This pleased Peter so much that he shouted with happiness. Soon, Peter and Maimie had become good friends.

■you see ほら、あのね ■so ~ that あまりに~なので…

6.
ピーターのヤギ

「よく眠れた？」ピーターはいいました。

「ありがとう。とっても暖かかったわ」メイミーはいいました。メイミーはピーターが服を着ていないので、「寒くないの？」とたずねました。

ピーターは寒いのがどういうことなのか、すっかり忘れてしまっていたので、こう答えました。「そんなことないよ。でも、本当のところよくわからないんだ。だって男の子じゃないから、あんまりよくわからないんだ。ソロモンはぼくのことを『どっちつかず』っていうよ。でも、ぼくの名前はピーター・パン」

「知ってるわ」メイミーはいいました。「みんな知ってるわよ」

ピーターは、公園の外でみんなが自分のことを知っているので、とてもうれしくなりました。そしてどんなふうにいわれているのか、知りたがりました。メイミーはたおれた木に座ると、ピーターにすべて話しました。メイミーはピーターよりも勇敢な男の子なんて知らないといいました。ピーターはこれをきいて喜びでいっぱいになり、大声をだしました。そしてすぐにピーターとメイミーは友だちになりました。

Then a wonderful idea came to Peter.

"Maimie," he said, "will you marry me?"

"Oh, yes!" said Maimie.

So Peter took her by the hand and they walked down to the boat.

"Oh, Maimie!" cried Peter happily. "You'll be an 'In Between' with me!"

When they reached the boat, Maimie saw that it was beautiful. She was very happy, but suddenly she remembered her mother.

"Of course, Peter, I shall want to visit mother often," she said.

Peter was quiet.

"I can't come with you unless I know that I could go back to mother whenever I want to," she tried again.

"Well, if you're sure your mother will always want you," said Peter.

"Of course she will!" cried Maimie.

"She might lock you out," said Peter. "I know how mothers are. Mine did that to me, and she got another little boy to take my place."

Maimie was shocked.

■take someone by the hand (人の)手を取る　■unless 接 〜でない限り　■lock 〜 out 〜を締め出す　■take one's place (人の)後がまに座る

するとピーターにある素敵な考えがひらめきました。
「メイミー」ピーターはいいました。「ぼくと結婚してくれない?」
「まあ、もちろんよ!」メイミーはいいました。
そこでピーターはメイミーの手を取り、船のほうへ歩いていきました。

「わあ、メイミー!」ピーターは幸せそうに大きな声でいいました。「きみはぼくといっしょに『どっちつかず』になるんだよ!」
船にたどり着いたとき、メイミーは、なんて美しい船だろう、と思いました。メイミーはとても幸せでしたが、突然お母さんのことを思い出しました。

「もちろん、ピーター、あたしお母さんのところへしょっちゅう行けるわよね」メイミーはいいました。
ピーターは黙りこくっています。
「いつでもお母さんのところへ戻れるってわかっていなきゃ、あなたといっしょには行けないわ」メイミーはもう一度いいました。
「その、もしきみのお母さんが、いつでもきみに会いたいなら」ピーターはいいました。
「当たり前じゃない!」メイミーは大きな声でいいました。
「もしかしたら閉め出されてるかも」ピーターはいいました。「お母さんてのがどんなものか、ぼくは知ってるんだ。ぼくのお母さんはぼくを閉め出したから。そしてぼくがいるはずだったところには、別の小さな男の子がいた」
メイミーは呆然としていました。

"Will my mother do that to me?" she asked with tears in her eyes.

"She might be looking for another one to love already," said Peter sadly.

"No!" cried Maimie.

Just then they heard a "Creak! Creak!" It was the opening of the gates! Peter hurried to his boat. He knew Maimie would not come with him now, and it broke his heart. But he said to her, "If you go back now, it might not be too late! Maybe the door will still be open for you. If the door is locked, then you can come back to me. I will look for you tonight!"

"Dear Peter!" cried Maimie. And with that, she ran out of the gates.

That night, Peter went back to the Gardens to look for Maimie, but she was not there. So he knew that the door had been open for her. For a long time he hoped that Maimie would come back, but she never did. She wanted to, but now her nurse was keeping a sharp eye on her. Maimie often thought about Peter. One day, when she was wondering what Easter present Peter would like, her mother made a suggestion.

■creak 图 ギーギー（という音）　■keep an eye on ～を見張る

「あたしのお母さんも、あたしを閉め出すのかしら？」メイミーは目に涙をためてたずねました。
「もしかしたら、とっくに代わりの子を探してかわいがっているかも」ピーターは悲しそうにいいました。
「そんな！」メイミーは叫びました。
　ちょうどそのとき、二人は「ギー！　ギー！」という音をききました。門の開く音です。ピーターは船へと急ぎました。ピーターはメイミーがいっしょに来ないのがわかっていたので、つらくなりました。でもメイミーにこういったのです。「今、家に帰るなら、まだ間に合うかもしれない！　きっと家のドアはまだ開いてるよ。もしドアが閉まっていたら、ぼくのところへ戻ってきて。今夜きみを探すよ！」
「まあ、ピーター！」メイミーは泣きました。そしてそういって門の外へ走り出ました。
　その夜、ピーターはケンジントン公園へメイミーを探しに行きましたが、メイミーはいませんでした。こうしてメイミーには、家のドアは開いていたことを知ったのです。とっても長く、メイミーが戻ってくるのをピーターは願っていましたが、メイミーは戻ってきませんでした。戻ってきたかったのですが、メイミーのベビーシッターがしっかり見張っているのです。メイミーはよくピーターのことを思いました。ある日、ピーターがイースターの贈り物に何が欲しいか、考えていたところ、メイミーのお母さんはある提案をしました。

"Nothing," she said thoughtfully, "would be so useful to him as a goat."

"He could ride it and play on his pipe at the same time!" cried Maimie.

"Then why don't you give him your goat? The one that makes Tony afraid at night," said her mother.

"But that's not a real goat," said Maimie.

"It seems very real to Tony," said her mother.

"But how would I give it to Peter?" asked Maimie.

Her mother knew a way. The next day they went to Kensington Gardens and Maimie stood among the trees.

Then her mother said:

"My daughter, tell me, if you can,

What have you got for Peter Pan?"

Maimie answered:

"I have a goat for him to ride.

Watch me throw it far and wide!"

Then Maimie spread her arms out wide and turned around three times.

■at the same time 同時に　■far and wide はるか遠くまで

「そうね」お母さんは親切にいいました。「ヤギが一番いいと思うわ」

「ピーターはヤギに乗って、笛も吹くんだわ！」メイミーは大きな声でいいました。
「じゃあ、あなたのヤギをあげましょう。トニーが夜に怖がるあのヤギよ」お母さんがいいました。
「でも、本物のヤギじゃないわ」メイミーはいいました。
「トニーには本物そっくりに見えるみたいじゃない」お母さんはいいました。
「でもどうやってピーターにあげようかしら？」メイミーはたずねました。
お母さんにはある考えがありました。翌日、ケンジントン公園に行くと、メイミーは木々のあいだに立ちました。
そしてお母さんがこういいました。
かわいい娘よ、いってごらん、何しようとしているの。
ピーター・パンに、何をあげるつもりなの？
メイミーはこう答えました。
ピーターが乗れるヤギさんよ。
とっても遠くに投げるから、見てちょうだい！
そしてメイミーは両腕を大きく広げ、くるりと三回まわりました。

Maimie also left a letter to Peter Pan in a place he would find it. She explained what she had done and asked him to have the fairies turn the goat into one he could ride. So that's just what he did. Now Peter Pan rides about on a goat and plays his pipe beautifully at the same time.

Although Peter still remembers Maimie, he has become as happy as ever. Sometimes he is so happy he jumps off his goat and lies on his back, kicking his legs and laughing. Oh, he has a wonderful time! And he most likely always will.

■ask ~ to（人に）~するようにいう　■ride about on ~を乗り回す　■most likely おそらく、十中八九

メイミーはピーター・パンが見つけやすいところに手紙もおいておきました。自分がしたこと、そして贈り物のヤギはピーターが乗りやすいよう、妖精たちに変えてもらうようにと書きました。そこでピーターはそのとおりにしました。今ではピーターはヤギを乗り回すと同時に楽しく笛を吹いています。

　ピーターはまだメイミーのことを覚えていますが、いつものように幸せいっぱいになっていました。ときどき、あまりにもうれしくて、ヤギから跳びはねて背中に寝転がったり、ヤギの足を蹴ったり、笑ったり。そう、ピーターはすばらしい時間を過ごしているのです。おそらくこれからも、いつまでも。

☾✦ 覚えておきたい英語表現

> *Nothing* has a better sense of fun than a fallen leaf. (p.124, 5行目)
> 落ち葉ほど遊び心にあふれたものはない。

【解説】Nothingは「何も〜ない」を意味し、文全体を強く否定します。betterはgoodの比較級で、何かと比べた結果良い状態であることを意味します。have a sense of funで「遊び心を持っている」という意味です。ちなみに似た表現でhave a sense of humorで「ユーモアの心を持っている」もあります。

Nothing has a better sense of funを直訳すると「より遊び心があるものは存在しない」となります。than以下が比較対象の「落ち葉よりも」を意味しますので、「落ち葉以上に遊び心があるものはない(=落ち葉がいちばん遊び心がある)」という訳になります。

Nothingは日本語にはない否定の意を持つ代名詞ですから、使いこなすには慣れが必要です。特にNothingを主語に用いた文を書いたり述べたりすることは、日本人には結構ハードルが高いです。例文を参考にぜひ使いこなせるように練習してください。

Nothing could avail the injured soldiers.
傷ついた兵士たちの役にたつものは何もなかった。

Nothing can beat baseball as a sport.
スポーツとして野球にまさるものはない。

Nothing beats this.
これが一番だよ(直訳:これを打ち負かすものは何もない)。

> *If* you *only knew* who is sitting on your bed right now!
> （p.150, 下から7行目）
> 今ベッドに座っているのが誰なのか知って気づいてくれたらなあ！

【解説】Part Iで紹介した仮定法です。再度ご確認いただきたく取り上げました。

　If you knew〜で「もしあなたが〜を知っていたらなあ（でも実際は知らない）」という意味です。Part Iで述べたとおり、現在の事実「知らない」ことに反して「知っていればなあ」という意味を表すために、過去形のknewを用いて表現します。過去形ですが現在のことを表すことに注意が必要です。

　onlyが文中にありますね。「If only 仮定法」で「〜であればなあ」という意味を表します。例文で示してみましょう。

　　　If only it *would* stop raining!
　　　雨がやんでくれたらいいのになあ。

　　　If only Ann *would* not talk like that.
　　　アンがあのような口のききかたをしないでくれたらなあ。

　表記の文はIfとonlyの間に主語のyouを入れた形になっています。

　　　If I only had more time!
　　　もっと時間があったらなあ。

　ところで仮定法ではなぜ「現在のことを過去形」で表現するかご存知ですか？過去は現在の時点（地点）からすれば「遠い」ですよね？二度と帰れませんし。じゃあ仮定の話はどうでしょう？例えば「自分が鳥である世界(If I were a bird)」なんて、現在の時点（地点）からは遠い世界の話ですね。あり得ないのでとても遠い世界の話です。

　「現在の時点（地点）」から遠いから「仮定法では現在のことも過去形」で表すのです。この「仮定の世界は遠い」感覚がポイントです。私が授業で生徒に解説する際は、黒板に以下のような図を書きます。よろしければ参考にしてみてください。

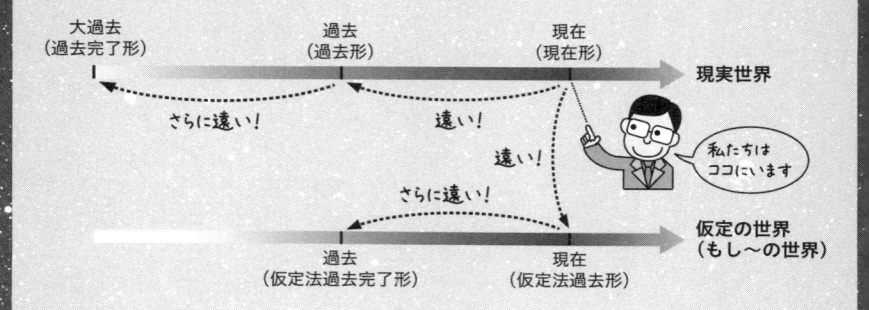

```
大過去                 過去              現在
(過去完了形)         (過去形)         (現在形)
  ←……さらに遠い!……←……遠い!……←     →  現実世界
                                    ↓遠い!   私たちは
                                             ココにいます
        ←……さらに遠い!……←
  ─────────────────────────────→  仮定の世界
                      過去              現在    (もし〜の世界)
                (仮定法過去完了形) (仮定法過去形)
```

　仮定法は口語でも文語でも多用される重要な文法です。マスターすれば英語の楽しさが一層深まります。ぜひ頑張ってください。

[IBC 対訳ライブラリー]
英語で読むピーター・パン

2014年9月9日　第1刷発行

著　　者　　ジェームス・マシュー・バリー
英語解説　　出水田隆文
翻　　訳　　今西理恵
翻訳校閲　　藤岡啓介

発 行 者　　浦　　晋亮
発 行 所　　IBCパブリッシング株式会社
　　　　　　〒162-0804 東京都新宿区中里町29番3号 菱秀神楽坂ビル9F
　　　　　　Tel. 03-3513-4511　Fax. 03-3513-4512
　　　　　　www.ibcpub.co.jp

印 刷 所　　株式会社シナノパブリッシングプレス

© IBC Publishing, Inc. 2014

Printed in Japan

落丁本・乱丁本は、小社宛にお送りください。送料小社負担にてお取り替えいたします。
本書の無断複写（コピー）は著作権法上での例外を除き禁じられています。

ISBN978-4-7946-0297-8